HISTOIRE ANECDOTIQUE
DU
TRIBUNAL RÉVOLUTIONNAIRE

PARIS. — IMPRIMERIE CENTRALE DE NAPOLÉON CHAIX ET Cie,
RUE BERGÈRE, 20.

CHARLES MONSELET.

HISTOIRE ANECDOTIQUE
DU
TRIBUNAL
RÉVOLUTIONNAIRE

(17 août. — 29 novembre 1792).

Avis. En raison de la nouvelle législation, relative à la propriété littéraire, l'auteur se réserve le droit de traduction de cet ouvrage.

PARIS
D. GIRAUD ET J. DAGNEAU, LIBRAIRES-ÉDITEURS,
7, RUE VIVIENNE, AU PREMIER, 7.

1853

HISTOIRE
DU
TRIBUNAL RÉVOLUTIONNAIRE

INTRODUCTION.

I.

Un poëte allemand a fait une ballade pleine d'aspects fantastiques et terrifiants, sur la grande revue que l'empereur, mort, vient passer à minuit dans les Champs-Elysées. C'est d'abord un tambour qui se lève de terre et dont les baguettes, frappant sur une peau diaphane, vont réveiller à la sourdine les soldats de la garde. Le *tractrac* nocturne retentit entre les arbres grêles et enveloppés de vapeur ; il se prolonge, s'éteint et revient plus impérieux, passant plusieurs fois par les mêmes places. A cette voix de la guerre, des masses confuses surgissent et s'ébranlent, des ombres se dégagent ; on entrevoit, sous les suaires déchirés, des épaulettes pâles, des galons d'argent terni, des uniformes décolorés. Le vent passe avec effroi. Derrière lui, un escadron vaguement éclairé par un rayon de la lune roule sa vague blanchâtre ; les plumets frissonnent, quelques épées reluisent comme un courant d'eau aperçu par hasard ; on entend un sourd piétinement de chevaux ; les cirnières s'échevèlent et fouettent l'air glacé. Le tambour bat toujours. Un son de trompette, clair et vibrant, traverse l'espace et enlève quelques voiles à ce tableau étrange qui se meut dans le brouillard du minuit d'automne. Sous les plis d'un glorieux haillon tricolore, percé, frangé, surmonté d'un aigle d'or, s'avance une forêt de bonnets d'ours, légion silencieuse, hommes graves et tristes, âmes d'enfant auxquelles les turbulences d'une guerre continue ont épargné les passions vulgaires. Ils s'avancent, ces géants aux yeux encore endormis ; ils ont cet air stoïque que donne seul le tête-à-tête perpétuel avec le canon ; sur la poitrine de quelques-uns étincelle l'étoile de la Légion-d'Honneur. Devant eux marchent pesamment, la hache à l'épaule, ces sapeurs en tablier de peau qui faisaient tomber les portes des villes.

Le ciel jette une clarté avare sur ce pêle-mêle, qui bientôt se développe, s'accroît à l'infini et remplit, inonde les Champs-Elysées. Rien n'est bien précis, mais tout est indiqué. Le noir des canons s'accuse dans un des côtés nuageux de cette grande toile ; la canne à pomme du tambour-major trace en l'air des lignes bizarres mais triomphantes ; — on dirait du magicien de la victoire ; — les croupes des chevaux cabrés s'étalent à deux pouces du sol. Peu à peu, un tressaillement général, semblable à une menace de tempête, circule à travers les rangs noyés de cette foule militaire ; un commandement retentit : *Portez armes !* et l'on entend une vaste secousse métallique, un bruit pareil à celui que ferait un énorme sac d'argent tombant de très haut. Puis, la vision s'immobilise. On sent qu'il va se passer quelque chose de grand ; les yeux, les oreilles, les esprits sont dans l'attente ; personne n'ose respirer. Tout à coup, du fond des Champs-Elysées, là-bas où le regard se perd, naît une clameur faite de mille voix, qui se rapproche, s'étend, court et galope, — escortant un tourbillon de généraux empanachés et de mamelucks mystérieux, à la tête desquels apparaît le fantôme impérial. Il ne fait que passer, rapide et muet ;

et cette grande figure, un moment sortie du tombeau, illumine cette sombre armée qui, comme une traînée de poudre, n'attendait que le contact de la mèche pour éclater en flammes soudaines !

Cette ballade célèbre, avec laquelle a lutté puissamment le crayon de Raffet, ce ténébreux chef-d'œuvre d'un étranger, cette page audacieuse de l'histoire de la nuit et de la mort, suscite toujours en moi inévitablement une autre ballade, — également fantastique, mais violente, éplorée, terrible. Ce pendant de la grande revue des Champs-Élysées, c'est la grande revue des trépassés de la place Louis XV, des victimes du Tribunal révolutionnaire.

Cela commence également par un tambour, — le tambour de Santerre. Il bat le rappel sur la place déserte, que décore une statue grossière et mal façonnée comme les idoles des peuples barbares : c'est la statue de la Liberté, qui demeura si longtemps spectatrice des crimes commis en son nom. Autour d'elle, comme dans une vase obscure, rampe, s'agite une multitude d'hommes et de femmes; ce sont les habitués de la tragédie nationale qui se joue tous les jours à cet endroit. Des guinguettes installées dans des fossés, des cabarets en planches, des bouquetières en jupes blanches à raies rouges, des marchands de chansons hissés sur des chaises et vendant leurs couplets, des enfants que leurs bonnes ont amenés là par curiosité, rompent la hideuse physionomie de cette place. Il n'est pas encore nuit, il est cette heure crépusculaire du dix thermider, heure solennelle qui vit le dénouement de la Terreur ; une bande rouge brille à l'horizon. Après la statue de la Liberté, l'autre monument de la place c'est l'échafaud. — L'échafaud et la Liberté ! L'échafaud, cet abominable et honteux argument des révolutionnaires ; la Liberté, cette chimère sublime ! Tous les deux se rencontrant, comme pour se nier l'un par l'autre !

Sur la plate-forme de l'échafaud, attendent Sanson et ses aides.

Alors, on voit arriver — lentement — cette procession de charrettes fatales dont les roues ont si longtemps et si impunément tracé parmi nous leur sillon d'épouvante. Elles arrivent une à une, au bruit du tambour de Santerre, persistant comme un remords. Ce sont de lourdes et ignobles charrettes traînées par des chevaux de somme crottés jusqu'au poitrail, et escortées par des gendarmes, le sabre nu. Elles contiennent chacune dix à douze victimes, garrottées, debout, la tête découverte, figures sublimes et pâles, vieillards dont la poitrine étale encore des lambeaux de dentelle, jeunes gens échevelés dont le regard semble invoquer Dieu, hommes calmes qui pensent à la France. Toutes ces victimes descendent à quelques pas de l'arbre de la liberté, beau peuplier bruissant et doux qui répand la fraîcheur sur la foule, et elles s'acheminent vers l'escalier rouge. Devant elles, marche le roi. Puis viennent les généraux, cicatrisés, imposants, Luckner, Broglie, Beauharnais, d'Estaing, Dillon. Ensuite, voici le tour des noms augustes et révérés : l'octogénaire Fénelon, digne petit neveu de l'archevêque de Cambrai; le jeune fils de Buffon, qui crie vainement au peuple le nom de son père; l'illustre Malesherbes, qui sourit à la mort et dont les cheveux blancs feront reculer le bourreau. Voici Lavoisier qui n'achèvera pas son problème, parce que le pays n'a plus besoin de savants; Cazotte et Sombreuil, ces deux pères que leurs filles n'ont pu sauver qu'une fois; d'Esprémenil et Linguet, deux hommes de talent, deux antagonistes que le trépas va réconcilier. Voici Adam Lux, l'amoureux d'une morte, et André Chénier dont la voix harmonieuse laisse échapper un poétique regret !

Ainsi se vident les charrettes. Il en vient par vingt, par cent. Le défilé des femmes est ouvert par la reine; Madame Elisabeth l'accompagne en priant. A leur suite, têtes charmantes ou fières, j'aperçois ces créatures si dignes de pitié, dont le Tribunal révolutionnaire ne respecta ni l'âge ni le sexe. Mme Lavergne qui, cachée dans l'auditoire au moment de la condamnation de son mari, cria : *Vive le roi!* pour obtenir la permission de marcher avec lui au supplice; Mme de Gouges, qui réclama pour les femmes le droit de monter à la tribune, puisqu'elles avaient le droit de monter à l'échafaud; la jeune Cécile Renault, qui n'était qu'une enfant et à qui l'on ne pardonna pas une parole étourdie ; les deux Sainte-Amaranthe, la mère et la fille, coupables d'avoir vu, dans un souper, chanceler la raison du dictateur. Celle-ci, dont les épaules blanches comme l'albâtre, se dégagent de la chemise rouge des assassins dont on les a revêtues, c'est Mlle Corday d'Armans, qui sent dans ses veines bouillonner le sang héroïque de l'auteur du *Cid ;* — cette femme si intéressante, c'est Lucile Desmoulins ; cette autre, si vénérable, c'est la maréchale de Mouchy ; — Mme Roland déploie une fermeté romaine que ne laissaient pas soupçonner ses grâces un peu mignardes. Entendez-vous ces chants religieux, presque célestes ? Ce sont les carmélites de Royal-Lieu ; elles chantent le *Salve Regina* avec la même tranquillité que si elles étaient encore dans le couvent. En face de ce sublime concert, devant ces têtes ascétiques et inspirées qui couronnent l'odieux tombereau, la populace s'écarte avec un sentiment de respect.....

Le cortége monte à l'échafaud. Mais l'escalier infâme s'est transformé en échelle de lumière ; vainement ses pieds plongent dans la boue, au milieu des convulsions et des hurlements d'une foule en délire, — les échelons supérieurs percent le firmament assombri et vont s'appuyer sur le trône du Très-Haut. C'est l'Echelle de Jacob tendue aux martyrs d'une époque de rage populaire et de représailles amoncelées. Longue, magnifique, triomphale est cette ascension! Le ciel, sillonné de raies flamboyantes, laisse tomber comme une pluie mystique, par ses abîmes entr'ouverts, les mille soupirs d'allégresse et d'amour éclos sur les harpes des anges, tandis que d'une voix divine s'exhale l'évangélique appel : — Venez à moi, vous tous, les opprimés et les martyrs !

II.

On se souvient de ces mots d'un président au parlement, renouvelés de Rabelais : « Si j'étais accusé d'avoir volé les tours de Notre-Dame, je ne me fierais pas à la justice, et je prendrais la fuite. » Qu'eût-il dit et pensé ce magistrat, s'il eût assisté aux débats du Tribunal révolutionnaire ?

Assez d'autres jusqu'à présent ont dit au peuple : Tu es grand, tu es magnanime, tu es généreux, tu as tous les nobles et tous les sublimes instincts ; tu es la voix de Dieu ! Peut-être convient-il aujourd'hui plus qu'à toute autre heure, de dire au peuple : Tu es injuste, tu es cruel, tu es égaré, tu n'écoutes que ta haine ou ta misère, l'esprit de Dieu s'est retiré de toi !

Peut-être convient-il, surtout à cette époque où les révolutionnaires de maintenant semblent vouloir imiter les révolutionnaires de jadis, de remettre sous les yeux des fils le tableau des crimes de leurs pères, et de tenir le langage suivant aux Pangloss démocratiques qui trouvent que tout est pour le mieux dans la plus mauvaise des républiques possibles : — Lorsque vous eûtes le pouvoir entre les mains, voici ce que vous fîtes du pouvoir ; voici les résultats de deux années de régime populaire ; voici par quels moyens vous prétendîtes faire refleurir l'égalité et la fraternité, et comment, à la place de de ces deux fleurs idéales, vous ne vîtes sortir de terre que l'ortie monstrueuse et ensanglantée de l'anarchie !

Le Tribunal révolutionnaire — œuvre du peuple de ce temps-là — n'a pas eu encore son historien. Si pourtant une institution se détache du fond sinistre de la Révolution et se dresse, terrible, n'est-ce pas celle-ci, à coup sûr? Parodie de la justice, masque de l'iniquité ! — De cette histoire, on connaît à peine quelques épisodes, les principaux, les vulgaires; on croit que c'est assez et que le reste importe peu, ou bien que c'est toujours la même chose. On se trompe : ce qui n'est pas connu est le plus effrayant.

De bonnes âmes s'imaginent encore que le Tribunal n'a moissonné que des nobles, des savants, des prêtres, c'est-à-dire le plus pur du sang français. Qu'elles sont loin de la vérité! Le Tribunal, pour qui tout était bon, a surtout répandu le sang du peuple, on ne saurait trop le répéter. Des marchands, des boutiquiers, des ouvriers ont fourni leur contingent énorme à cette immense hécatombe. — Au jour du 9 thermidor, deux mille *paysans* (deux mille!) attendaient dans les prisons leur tour d'échafaud!

« Rien n'est plus beau qu'un tribunal révolutionnaire! s'écriait le montagnard Forestier ; rien n'est plus majestueux que cette foule d'accusés qui y passent en revue avec une rapidité incroyable, et que ces jurés qui font *feu de file*. Un tribunal révolutionnaire est une puissance bien au-dessus de la Convention. »

Le montagnard Forestier avait raison, — car ce fut le Tribunal révolutionnaire qui tua la Convention nationale ; le Tribunal révolutionnaire tua ceux-là mêmes qui l'avaient fondé; le Tribunal révolutionnaire eût tué tout le monde, si on ne l'eût tué lui-même, à la fin.

Ce que nous allons entreprendre, c'est quelque chose d'assez semblable au voyage de Dante Alighieri dans la spirale larmoyante de l'Enfer. Les mêmes émotions, sinon les mêmes drames, nous attendent dans les cercles que nous allons parcourir. Ce sont presque aussi les mêmes personnages, — depuis Ugolin rongeant le crâne de ses enfants jusqu'à Paolo et Francesca, ces deux beaux visages penchés sur un poëme, et dont la mort a confondu les souffrances comme l'amour avait confondu les félicités. Tous les réprouvés se ressemblent, qu'ils soient de Florence ou de Paris ; et les jurés du Tribunal révolutionnaire valent les damnés du poëte.

Le Tribunal représente les coulisses de la révolution. Nul héros de ce théâtre ne peut sortir par un autre chemin : il faut inévitablement que, sa tirade finie et ses crimes consommés, le traître rentre par ces issues répugnantes et mystérieuses. Là, comme dans les coulisses véritables, on assiste à ce dépouillement du prestige qui fait le comédien, on voit le fard sur sa joue en sueur, on voit ses rides, on voit ses faux cheveux, — et, comme il n'est plus sous les yeux du public, on voit son ridicule, sa petitesse, sa colère, son égoïsme. Ainsi verrons-nous successivement tous les tyrans découronnés et à bout de leur rôle, venir étaler leur abattement et leur nullité sur les bancs incessamment encombrés du Tribunal révolutionnaire.

« Ne vas pas en Afrique pour chercher des monstres ; contente-toi de voyager chez un peuple en révolution », disent les vers dorés de Pythagore. — O poétique philosophe ! Jamais vérité plus vraie ne s'envola de tes lèvres rêveuses. O sublime poursuivant de l'idéal, jamais ton regard dessillé n'a plongé plus avant dans les gouffres de la réalité ! Toi qui prétendais lire dans la nature comme dans un livre ouvert, et qui, plus puissant créateur qu'Homère, nous révéla un monde entier,—le monde de la métempsycose ! — Souvent je suis tenté d'embrasser ton autel, ô Pythagore ! et de croire, en effet, qu'une seule et même âme, froide, perfide, atroce, a animé les corps de Catilina, de Cromwell et de Robespierre !

Pour voir des monstres — pour en voir beaucoup, et surtout pour les voir bien en face, — il faut convenir que le Tribunal révolutionnaire est le point de vue le plus favorable qu'on puisse adopter. De là, en effet, nous découvrons tous les personnages actifs de cette ère tragique — tous ! — Nous assistons à leurs manœuvres tortueuses, nous pénétrons les rapports terribles qui lient les membres de la Convention aux membres des comités, les membres des comités aux membres des clubs, les membres des clubs aux juges et aux jurés du Tribunal. Nous tenons les divers fils de cet écheveau, fait, comme le désirait Diderot, des entrailles des prêtres et des grands. Nous voyons le doigt caché qui ordonne et le bras public qui frappe, Néron et Narcisse, les volontés et les instruments. Nous voyons les hypocrites de vertu et d'humanité *broyer du rouge*, selon l'expression du peintre David ; les prétendus incorruptibles s'adoucir en présence de l'or, et les faux Scipions jeter un regard de luxure — non de pitié — sur les jeunes femmes qui se roulent à leurs genoux en demandant la grâce d'un père ou d'un mari. Devant nous enfin se déroule le tableau de ce que les soi-disant sauveurs de la patrie appelaient en soupirant des *nécessités*.

Car c'est un des traits principaux du caractère de ces hommes — de s'être cru nécessaires, indispensables, providentiels presque !

Qu'étaient-ils donc sous Louis XVI, ces régénérateurs d'une société aux abois, ces glorieux prédestinés, ces utopistes hautains, ces amants fougueux de la liberté ? Qu'étaient-ils, ces Catons cravatés de mousseline, ces Brutus à la poitrine nue, ces révoltés sublimes, ces assassins inspirés ? Sans doute, alors que les bosquets de Trianon s'emplissaient de musique et de danse, ils passaient dédaigneux et fiers, n'osant regarder ce luxe en face, dans la crainte de sentir arriver à leurs lèvres le charbon brûlant de la malédiction. Sans doute qu'au milieu de tant de vices et de tant de sophismes, de tant d'amour frivole et de tant d'esprit passionné, ils vivaient, ces philosophes austères, à l'abri de quelque portique ignoré, tout entiers à l'étude et à la réflexion. Ils ne pactisaient pas avec les gens de la cour et portaient gravement sur leur front pâli le signe de leur domination future ?

Sans doute aussi que leur jeunesse, comme celle de presque tous les héros et de presque tous les bienfaiteurs du genre humain, avait été prophétiquement sillonnée par ces actions d'éclat, par ces traits de vertu, par ces héroïsmes prématurés, par ces éclairs de raison ou de génie, qui sont l'aube des intelligences supérieures, destinées à rayonner sur le monde. Sans doute qu'ils étaient entrés dans la Révolution promise, avec tout un passé sérieux, pur, éclatant, digne d'admiration ou tout au moins digne d'estime?...

Erreur! — Voulez-vous les voir sous Louis XVI? voulez-vous connaître ce qu'ils pensaient, ce qu'ils disaient, ce qu'ils faisaient sur le seuil de cette Révolution, quelques jours seulement avant la prise de la Bastille?

L'un, le premier, le plus grand, celui qui, pendant quelques heures, a tenu la France dans sa main crispée, est enfermé dans une chambre du donjon de Vincennes. Il écrit. Ne vous penchez pas sur son épaule, ne regardez pas les feuilles qu'il salit de ses caprices infâmes, car à cette vue votre front s'empourprerait de honte et de terreur. Croyez plutôt que cet homme est un fou. Le livre qu'il compose est *dédié à monsieur Satan,* voilà tout ce qu'il est possible d'en dire ; et ce livre n'est pas le premier : — deux ou trois romans innommables sont déjà sortis de cette plume de satyre; il les a jetés, comme une vengeance, du fond de sa prison, sur la société corrompue de Paris. Sa vie n'est qu'un tissu de folies criminelles ; et ses passions démuselées ont semé la rage, — c'est-à-dire la démoralisation, — partout où elles se sont abattues. Il résume en lui l'ignominie et l'audace. C'est Mirabeau. Mirabeau ! ce grand remueur d'idées et de verres, ce faux gentilhomme et ce faux marchand de draps, cet orateur dont toute l'éloquence enflammée n'a point purifié l'âme, cet homme enfin à qui la France eût rougi de devoir son salut. Regardez-le bien, dans ce donjon qu'il souille de ses poëmes impudiques ; voilà celui qui sera le Titan de la Révolution !

Un autre, maigre, pâle, en lunettes vertes, cumule les fonctions de juge au tribunal criminel de Saint-Vaast avec celles de membre de la société poétique des *Rosati*. Il prononce des arrêts de mort et fait la cour à Mlle Anaïs Deshorties, une riche héritière, qu'il chante sous le nom d'Ophélie dans des madrigaux à l'eau de senteur. Il élève aussi des oiseaux, car c'est un homme simple et sensible ; on raconte dans le pays mille traits touchants de son enfance, celui-ci, entre autres, que j'extrais d'une brochure très-curieuse parue l'an dernier à Arras : « Ses petites sœurs lui faisaient sans cesse la demande d'un de ses pigeons, mais il ne voulait point entendre parler de cela, tant il craignait qu'on les rendît malheureux, faute de soins nécessaires. Un jour pourtant, un jour on redoubla d'instances, on supplia à mains jointes, on alla même jusqu'aux larmes, et

Maximilien, attendri, céda. Il leur donna son pigeon favori, après toutefois leur avoir fait jurer solennellement d'en avoir bien soin, de ne jamais le laisser manquer de rien, surtout! Mais, hélas! ô douleur amère! Le pauvre pigeon, oublié peu de temps après, dans un jardin, périt dans une nuit d'orage. Maximilien apprend l'affreuse nouvelle; il court chez les petites filles, les accable de ses reproches amers, et, le visage inondé de pleurs, il fait serment de ne plus jamais rien leur confier, jamais! » N'est-ce pas que cela est très-touchant? Cet enfant, ce poëte amoureux, ce juge au tribunal criminel, (le seul révolutionnaire toutefois de qui les antécédents soient à peu près irréprochables) vous l'avez déjà deviné, c'est Robespierre.

Celui-ci, qui fera de la politique par amputation, comme il fait de la chirurgie, c'est le médecin des écuries du comte d'Artois. Il est alors partisan de la cour, et estime que ceux qui le font vivre méritent de vivre. Barbouilleur de volumes illisibles et remplis de morgue, il s'attire une verte critique de Voltaire, où se trouve cette phrase : « Quand on n'a rien de nouveau à dire, on ne doit pas prodiguer le mépris pour les autres et l'estime pour soi-même à un point qui révolte tous les lecteurs. » Ce personnage hargneux, qui sera tour à tour le Thersite et l'Ajax de la Révolution, et à qui ne manquera aucun genre d'humiliation ni aucun genre de triomphe, ce pamphlétaire de souterrain, que sa mort fera comparer à Sénèque, et dont le plus élégant comédien du dix-huitième siècle, Molé, reproduira les traits sur le théâtre ; ce médecin des chevaux, grossier et malpropre, c'est Jean-Paul Marat. Passons vite.

Cet autre est jeune et beau ; il porte sa tête comme un Saint-Sacrement, pour nous servir d'une célèbre et sacrilége expression. Son nom est fait de deux mots significatifs : Saint-Just. En attendant que la Révolution vienne le prendre et l'élever sur le beau pavois immonde, d'où il se verra adoré, presque divinisé et comparé au Christ, — Saint-Just rime un poëme impur, calqué sur la *Pucelle*, et dans lequel, à travers toutes les obscénités du sujet, sont répandues mille insultes contre les auteurs d'alors. Voilà à quelle œuvre s'occupe l'adolescent candide dont on a voulu faire un philosophe platonicien, l'ange de la rêverie et de la mélancolie !

Entrons dans un de ces tripots du boulevard où se pressent des hommes sans titre et des femmes sans nom, écume du peuple et de la basse bourgeoisie. Deux individus viennent d'arriver, se tenant par le bras ; leur figure enflammée trahit l'intempérance ; l'un a les cheveux ébouriffés et la voix rauque, le geste emporté, la démarche d'un *croc;* l'autre, plus sombre, a une physionomie moins intelligente, mais tout aussi laide. Ce sont deux hommes de loi ruinés. Ils s'asseyent à une table et causent, entre deux verres de liqueur, de leurs plaisirs dissolus, de leurs amours obscurs, des parties gastronomiques où ils se sont trouvés. Bruyant et riant de tout, surtout de ses dettes, le premier remplit le tripot des éclats de sa voix, tandis que le second roule entre ses doigts un papier et promène autour de lui un regard hésitant.—Parbleu ! se décide-t-il à dire, il faut que je te lise des vers que je viens de composer.—Des vers? de toi, Fouquier?— De moi-même. —Sans doute en l'honneur d'Adeline ou de la friponne Forest?—Non, en l'honneur de Louis XVI.— Voyons, dit le gros homme à tête ébouriffée.

Alors celui qui a nom Fouquier commence la lecture des très-authentiques et très-médiocres vers que voici :

D'une profonde paix nous goûtions les douceurs,
 Même au milieu des fureurs de la guerre :
Louis sut en tout temps la donner à nos cœurs...
 En l'accordant à la fière Angleterre,
  Louis admet ses ennemis
  Au rang de ses enfants chéris.
 Sous l'autorité paternelle
 De ce prince, ami de la paix,
La France a pris une splendeur nouvelle
Et notre amour égale ses bienfaits !

— Bravo ! s'écrie le gros homme ; il faut envoyer cela à quelque journal.

—C'est ce que j'ai fait ce matin, répond Fouquier

avec modestie; je les ai adressés aux *Petites-Affiches*.

Puis les deux amis recommencent à boire. Avez-vous reconnu, dans ces deux débauchés, Georges Danton, le dieu de la canaille, et Fouquier-Tinville, l'accusateur public du Tribunal révolutionnaire?

Ouvrons maintenant les *Mémoires de Bachaumont*, au dix-septième volume, et dans les quelques lignes suivantes cherchons les traits du révolutionnaire fervent à qui l'on devra la proclamation improvisée de la république : « Dimanche dernier, M. le prince de Condé et M. le duc de Bourbon, escortés par la brigade de maréchaussée, arrivèrent à Rouen vers le soir. Ils descendirent à l'archevêché où il y eut grand souper; ensuite ils se rendirent à la Comédie, qui ne commença qu'à dix heures. Une foule immense les attendait : on admira leur bonté, leur affabilité et surtout leur patience d'entendre les plats éloges dont les régala le sieur Collot-d'Herbois, premier acteur de ce spectacle. C'est un des grands malheurs des princes que d'être obligés de faire bonne contenance à toutes les fadeurs qu'on leur débite ! » — Et n'est-ce pas aussi un des grands malheurs des républiques que d'être gouvernées par ces histrions vindicatifs qui rendent un coup de canon pour un coup de sifflet, et dont le patriotisme n'est qu'une vengeance?

Un autre encore, qui sera surnommé l'*Anacréon de la guillotine* et qui, les deux mains dans un manchon, votera la mort du roi, — c'est ce jeune homme qui sollicite la faveur d'être présenté à madame de Genlis ; c'est cet enthousiaste et pastoral admirateur des *Veillées du Château*, ce doux et sensible Pyrénéen. Il est auteur d'un excellent ouvrage intitulé : *Éloge de Louis XII, père du peuple*, suivi de l'*Éloge du gouvernement monarchique*. — Pourtant, c'est ce même homme qui projettera de faire construire une guillotine à sept fenêtres, et qui, dans sa voluptueuse petite maison de Clichy, entre la belle Demahy et l'élégante Bonnefoi, au pétillement du Champagne dans le cristal, proférera ces mots d'une voix nonchalante : « Le vaisseau de la révolution ne peut arriver au port que sur une mer de sang. » C'est Barère, à qui le ciel fera de longs jours et de longs remords.

Voyez-vous, dans le jardin du Luxembourg, ce garçon à figure laide et brune, qui se promène sentimentalement avec deux femmes, la mère et la fille ? Il est amoureux et ambitieux. On l'appelle Camille Desmoulins, il se baptisera lui-même plus tard *procureur-général de la lanterne*. « Camille Desmoulins venait me voir avant la révolution, a dit M. Beffroy de Reigny ; c'était alors un petit avocat traînant sa nullité dans les ruisseaux de Paris. Il m'empruntait de l'argent qu'il ne me rendait jamais, et me déchirait à belles dents quand je ne pouvais pas lui en prêter. » Lui aussi, devant ses juges se comparera à Jésus ; car tous ces hommes de la Révolution ont la rage impie de s'assimiler à l'homme-Dieu !

Faut-il descendre plus bas encore ? Faut-il poursuivre cette nomenclature d'obscènes aventuriers, d'hypocrites, de libertins, de charlatans ? Faut-il tirer de leur fange ces domestiques voleurs, ces bouchers stupides, ces prêtres défroqués, ces ivrognes — qui seront les généraux, les représentants, les chefs de la RÉPUBLIQUE IMMORTELLE ! — Non, restons dans le milieu supportable, avec les hommes possibles et raisonnants, même les plus sanguinaires ; ne nous arrêtons pas aux brutes qui remplissent les marécages de la Terreur.

Notre intention a été de faire connaître les antécédents des principaux fondateurs de l'Etat populaire, le pire des Etats, selon l'expression du grand Corneille. Eh bien ! croit-on qu'il se trouvât alors un seul républicain parmi tous ces gens, si bien occupés, les uns à flagorner le roi ou la royauté, les autres à prendre leur part des dissipations de l'époque ? Nous ne le croyons pas ; mais peut-être nous trompons-nous, car rien n'est difficile à mettre en défaut comme un républicain ; nous n'en donnerons qu'un exemple. La Harpe, ainsi que tant d'autres, avait adressé des vers à Louis XVI, lors de son avénement au trône ; le crime n'est pas grand sans doute, mais La Harpe avait compté sans la République. Lorsque l'homme du *Cours de littérature* fut devenu ce triste sans-culotte que l'on sait, il chercha à expliquer dans le *Mercure* cette inadvertance poétique, et voici comment il s'y prit : « Tout le bien que je demandais au roi était *évidemment* la satire de son prédécesseur. » La phrase est précieuse et mérite d'être conservée.

Mais revenons au Tribunal révolutionnaire.

Le Tribunal révolutionnaire fut le grand moyen des hommes de cette époque. Il fut un instrument, même aux mains des plus petits, — car, à partir de son installation, la dénonciation fut de toutes parts à l'ordre du jour. Grâce à la dénonciation, les républicains les plus infimes purent tremper dans la besogne générale et prendre, eux aussi, leur part de vengeance et de crimes. L'échafaud eut ses pourvoyeurs parmi les plus basses et les plus obscures créatures du royaume. — Ce système de dénonciation, supérieurement organisé, et sur lequel était basée la dépopulation presque totale de la France, nous a fourni un des chapitres les plus importants de cet ouvrage.

Dans cette période funeste où le temps s'est passé à user les institutions et les hommes, le Tribunal révolutionnaire ne pouvait manquer de finir par être, à son tour, répudié de tous les partis. La réprobation que s'étaient renvoyée mutuellement les ouvriers de cette œuvre rejaillit sur l'œuvre elle-même. — « Je demande pardon à Dieu et aux hommes d'avoir fait instituer cet infâme Tribunal ! » Ainsi s'exprima Danton, accusé par Fouquier-Tinville, son compagnon de débauche et son ami.

Mais il n'y avait plus alors ni amitié, ni liens du sang. Il n'y avait que la dénonciation à outrance. Marat dénonçait Barnave; la Convention tout entière dénonçait Marat; Louvet dénonçait Robespierre; Robespierre dénonçait Hébert; Saint-Just dénonçait Camille Desmoulins, Tallien dénonçait Saint-Just. Ils se dénonçaient tous successivement, et chacun d'eux portait sur les autres des jugements que la postérité ratifiera. Mais comment s'arrangent donc avec la logique et avec leur conscience, ceux qui les admirent en masse et qui les logent indistinctement dans le même Panthéon? N'est-ce pas faire outrage à la mémoire de Robespierre, par exemple, que de le placer à côté de Danton qu'il dévoua à la mort, — et n'est-ce pas se moquer de Danton que de le vanter à l'égal de Robespierre, qu'il regardait comme un coquin?

Le Tribunal, qui avait vécu par la dénonciation, mourut par la dénonciation. On retourna l'arme contre ceux qui l'avaient forgée. Et ainsi s'exauça le vœu manifesté à la tribune par le jeune Boyer-Fonfrède, lors du décret de formation : — « Puisse votre épouvantable Tribunal, comme le taureau de Phalaris, être le supplice de ceux-là mêmes qui le destinent aux autres! »

Nous avons tâché d'écrire cette histoire d'un intérêt si douloureux; nous l'avons écrite uniquement parce qu'elle ne l'avait pas encore été, du moins sous la forme du livre. Toutefois, nous avons eu le soin d'en retrancher ou d'en abréger considérablement les épisodes suffisamment connus. Quant aux procès tout-à-fait célèbres, tels que ceux des Girondins, nous avons cru devoir seulement les indiquer, la matière en ayant été épuisée par tous les écrivains, nos prédécesseurs.

L'Histoire du Tribunal révolutionnaire se divise naturellement en trois parties :

Le Tribunal criminel du 17 août 1792 ;

Le Tribunal criminel extraordinaire du 10 mars 1793, ou *Tribunal révolutionnaire* proprement dit ;

Le Tribunal révolutionnaire, après le 9 thermidor.

A ces trois parties se rattache étroitement, tout un côté épisodique, ordonné par la philosophie de l'histoire et indispensable à la compréhension des événements si rapides d'alors. C'est le tableau de Paris à ces diverses dates, c'est la physionomie des prisons, ce sont les fêtes populaires, c'est tout ce qui explique et commente.

PREMIÈRE PARTIE.

TRIBUNAL CRIMINEL DU 17 AOUT.

CHAPITRE PREMIER.

LE PEUPLE AUX TUILERIES.

« Le mode de décollation sera uniforme dans tout
» l'empire. Le corps du criminel sera couché sur le
» ventre entre deux poteaux barrés par le haut
» d'une traverse, d'où l'on fera tomber sur le col

» une hache convexe, au moyen d'une déclique ; le
» dos de l'instrument sera assez fort et assez lourd
» pour agir efficacement, comme le mouton qui sert
» à enfoncer les pilotis et dont la force augmente
» en raison de la hauteur d'où il tombe. »

Cet arrêté fut rendu le 20 mars 1792, par l'Assemblée législative.

La machine inventée, il ne s'agissait plus que de la faire aller. Les révolutionnaires se chargèrent de cette besogne. Deux fois la populace des faubourgs, dans cette année lugubre, envahit la demeure de nos rois. La première fois, — c'était le 20 juin ; la seconde fois, — c'était le 10 août. — On sait que cette journée fut l'aurore de la République française !

Plus de quatre mille hommes perdirent la vie ; les Tuileries furent envahies, et le roi n'échappa à la mort qu'en venant se réfugier au milieu de l'Assemblée législative, — où il entendit prononcer sa propre déchéance, préface d'un supplice qui devait coûter à la France tant de jours de sang, de déshonneur, de famine, de guerre au dehors et d'anarchie au dedans.

Les relations des faits généraux et particuliers qui se sont passés le 10 août ne manquent pas. Les organisateurs de cette journée, qui a été appelée *sainte*, ont plusieurs fois déroulé eux-mêmes à la tribune le plan de cette conjuration, destinée à abattre la monarchie. Comme d'habitude, le peuple des faubourgs a été exalté pour son héroïsme et pour sa grandeur ; — c'est la règle, et il faudra s'accoutumer tout le long de cet ouvrage à rencontrer un battement de mains derrière chaque assassinat. — Quel était pourtant le courage du peuple en cette circonstance ? C'était le courage de cent mille brigands armés jusqu'aux dents, organisés, commandés, instruits depuis plusieurs semaines, trainant trente canons, contre une poignée de gardes-suisses, sans munitions, sans ordres et sans chefs.

Louis XVI, voulant *épargner au peuple un grand crime*, abandonna les Tuileries, avant qu'un seul coup de fusil eût été échangé. Une fois la famille royale partie et le château rempli seulement de femmes et de vieux gentilshommes, — que voulait le peuple ? Pourquoi tenait-il tant à entrer dans ce château où il n'y avait plus pour lui de rôle à jouer ? Ici ses intentions commencent à n'être plus du ressort de la politique, et l'amour de la patrie, qui n'est plus servi par aucun prétexte, va s'effacer insensiblement du cœur des patriotes pour y céder la place à l'amour du pillage. Si quelque chose, en effet, déconcerta le peuple, ce fut le départ du roi, qui enlevait tout motif à l'attaque du château et rendait inutile ce vaste déploiement de forces. A ce moment, une hésitation visible se manifesta parmi les assaillants. Fallait-il s'en aller ? Fallait-il rester ? — Pendant une demi-heure, on crut dans le palais que tout était terminé et que les faubourgs allaient opérer leur retraite. Il n'y avait plus aucun ordre dans la grande galerie, raconte Peltier ; chacun quittait son rang, on se promenait dans les salles, on allait déjeuner ; et les Suisses restaient pêle-mêle dans les appartements et sur les escaliers, ce qui faisait ressembler le château plutôt à un foyer de spectacle qu'à un corps-de-garde.

Vint l'heure cependant où le peuple se décida. Il se décida à prendre le château, sans prétexte, uniquement pour le prendre. Il enfonça d'abord les portes de la cour royale. On le laissa faire. Mais lorsqu'il voulut s'avancer au pied du grand escalier, il fut reçu par cette fameuse décharge qui fait encore pousser des cris de douleur aux historiens populaires. La place du Carrousel fut nettoyée en un clin d'œil.

On sait le reste. On sait quelle héroïque défense opposèrent, durant trois heures, les gardes-suisses cernés de toutes parts : — sept cents contre cent mille. Mais ce qu'on ne sait pas assez peut-être, ce sont les épouvantables traitements qu'ils eurent à subir de la population parisienne. Les assaillants les harponnaient à travers les grilles ; — la hampe de leurs piques tenait au bois par une douille ayant deux crochets de fer ; — ils lançaient ces piques contre les Suisses, les tiraient hors des rangs et les égorgeaient à l'aise. Ces cruautés lassèrent un canonnier, dont le nom est resté inconnu, et à qui l'on avait ôté la mèche allumée qu'il tenait à la main. Il venait d'esquiver le crochet d'une pique, ou tout au moins en avait été quitte pour un pan de chair et d'uniforme arrachés. Indigné, il se jette sur l'affût de son canon, il tire un briquet de sa poche, il le bat sur la lumière. La pièce part. Il sera tué !... mais son coup a porté et fait tomber une foule de scélérats.

Le palais fut forcé entre midi et une heure ; les insurgés, — ayant à leur tête le bataillon des Marseillais, commandé par Fournier, dit l'Américain, — se ruèrent sous le vestibule, où la première personne qu'ils rencontrèrent fut le marquis de Chemetteau, qui reçut un coup de maillet de fer dans la poitrine. En quelques instants, le grand escalier, la chapelle, tous les corridors, la salle du trône, celle du conseil furent inondés d'une multitude hurlante, qui assomma tous ceux qu'elle trouva sur son passage : suisses, gentilshommes, domestiques. « Des traits de générosité eussent été perdus pour *les âmes cadavéreuses de la cour*, dit un historien du temps ; il ne leur fallait que des exemples de terreur ; le peuple leur en donna : il ne fit grâce à aucun des habitués du château. »

Ceux qui, à la révolution de 1848, ont pénétré dans les Tuileries, peuvent se former une idée de l'invasion du 10 août, et des dévastations déshonorantes qui furent commises par les *vainqueurs*. On trouve folle la colère de Xerxès faisant battre de verges la mer qui vient d'engloutir ses vaisseaux ; mais n'est-elle pas aussi folle, la conduite de la populace, s'en prenant à l'art des torts réels ou supposés de la monarchie, et sacrifiant à sa fureur les marbres admirés, les peintures précieuses, les grands vases ciselés avec splendeur? Ainsi se venge-t-elle pourtant; et c'est pitié de la voir fracasser avec les crosses de ses fusils les hautes glaces vénitiennes, mettre ses baïonnettes dans les tapisseries des Gobelins, percer de ses piques les tableaux d'Italie, défoncer les meubles sculptés et plonger dedans ses mains rouges pour en retirer du linge miraculeux, aussitôt mis en lambeaux. Telle fut l'*attitude* du peuple, alors qu'il eut pénétré dans ce palais, au fronton duquel il devait inscrire en se retirant le quolibet infâme : *Magasin de sire à frotter*. Il ravagea tout, brisa hommes et choses. Il vola aussi, car la fête fut complète. Un de ceux que nous retrouverons juge au Tribunal révolutionnaire, Jean-Marie Villain d'Aubigni, s'empara pour sa part de cent mille livres, et s'en alla tranquillement après. La Providence se chargea de la punition de quelques autres : un homme et deux femmes qui avaient avalé des diamants pour mieux les soustraire aux recherches (car il faut dire que la moitié des voleurs fouillait l'autre), expirèrent dans la nuit, les entrailles coupées.

Théroigne de Méricourt, les mains teintes encore du sang du journaliste Suleau, à l'assassinat duquel elle avait aidé le matin, — Théroigne de Méricourt cette amazone étrange en qui semble se personnifier le génie sanglant de la Révolution, exhortait le peuple au massacre des derniers serviteurs de Louis XVI. Elle se cramponnait d'une main à la rampe de l'escalier, et de l'autre brandissait au-dessus de sa tête un sabre d'où pleuvaient des gouttes rouges. Une autre femme l'escortait : Angélique Voyer, qui illustrera son nom dans les nuits de Septembre. Ces deux furies mutilèrent plusieurs cadavres et ne cessèrent jusqu'au soir de présider à ces scènes d'égorgement et de confusion. — Dans une autre partie du château, une horde de poissardes dansait sur le corps des Suisses, au son d'un violon que l'on avait trouvé et que raclait un mauvais musicien de guinguette. Quelques-unes chantaient ce couplet d'une dégoûtante chanson alors en vogue parmi la canaille :

> Nous te traiterons, gros Louis,
> Biribi,
> A la façon de Barbari,
> Mon ami!

Le vin que l'on avait découvert dans les corps-de-garde et dans les caves du palais, ne fut pas épargné; il coula à l'égal du sang, ce qui n'est pas peu dire. Puis, lorsqu'on eut bien tué et bien bu, on mit le feu aux Tuileries, comme pour effacer toute trace de dégradations. On mit le feu à la caserne des Suisses, le feu au logement de M. de Choiseul, le feu à l'hôtel de M. de Laborde, le feu partout ! Le Carrousel entier était transformé en une fournaise ardente, — et c'est miracle aujourd'hui si le palais de la monarchie, tant de fois menacé, existe encore..... Dieu ne veut pas qu'il disparaisse!

Je e voulais pas raconter cette journée si connue, et voilà que je me surprends à en rappeler quelques épisodes. C'est que l'histoire emporte et ne s'arrête jamais, pareille à ces coursiers qui ne s'apercevant plus du mors, insensibles à l'éperon qui déchire leurs flancs, galopent toujours droit devant eux, et finissent par oublier complètement le cavalier qui les monte.

Un trait cependant nous est indispensable pour achever ce récit et pour y servir en même temps de moralité. — Un enfant naquit ce jour-là, au milieu des balles, dans la nuée rouge du canon, alors que la mitraille, ce balai sanglant, cherchait à repousser une tourbe criminelle. Cet enfant, qui doit exister quelque part aujourd'hui, fut porté en triomphe à la Commune de Paris, qui lui donna solennellement le nom de VICTOIRE DU PEUPLE.

II

LE PEUPLE A L'ASSEMBLÉE.

Barère, dans ses *Mémoires* patelins, publiés en 1842, un an après sa mort, emploie un terme curieux pour désigner les massacres dont nous venons de remettre sous les yeux du lecteur une rapide esquisse. Il dit : « Les *mélancoliques* événements du 10 août. »

Le lendemain de ces *mélancoliques* événements, qui était un samedi, un membre de l'Assemblée législative, Lacroix, parut à la tribune. Ce Lacroix était un homme de haute taille, large d'épaules et bien campé. Lorsque, en 1793, sur la dénonciation de Saint-Just, il fut incarcéré au Luxembourg avec Danton et Camille Desmoulins, il essuya une mortification assez vive de la part d'un prisonnier, accouru comme les autres pour voir quelle contenance sait garder un Montagnard abattu. Le prisonnier en question était M. de Laroche du Maine.

— Parbleu ! s'écria-t-il tout haut en désignant Lacroix, voilà de quoi faire un beau cocher.

Inutile de dire que nous désapprouvons ce mot dédaigneux. Voici comment — pour en revenir au lendemain du 10 août — Lacroix parla à la tribune :

« Je demande, dit-il, qu'il soit formé dans le jour une Cour martiale pour juger tous les Suisses encore vivants, quel que soit leur grade ; et, pour calmer les inquiétudes du peuple, en l'assurant que justice lui sera faite, je demande que cette Cour martiale soit tenue de les juger sans désemparer, et qu'elle soit nommée par le commandant-général provisoire de la garde nationale. »

Cette proposition fut adoptée.

La journée du samedi se passa, puis celle du dimanche. Emportée dans le tourbillon de cette séance permanente qui devait durer quarante jours, l'Assemblée législative ne songeait déjà plus à la Cour martiale dont elle avait autorisé la formation. Elle *décrétait, décrétait, décrétait*. Mais la nouvelle Commune de Paris était là, derrière elle, qui ramassait ses décrets et qui s'était chargée d'avoir de la mémoire pour deux.

En conséquence, la Commune de Paris jugea à propos d'envoyer, le lundi, deux de ses commissaires à la barre de l'Assemblée. Ils rappelèrent aux députés qu'on avait institué l'avant-veille une Cour martiale pour juger les officiers et les soldats suisses. — Les députés s'entre-regardèrent et convinrent du fait, après quelque hésitation. — Alors, joignant le conseil à l'avertissement, les deux commissaires, qui étaient pourvus d'insidieuses instructions, firent observer qu'il serait possible de donner à ce tribunal une telle organisation, qu'il jugerait « tous ceux qui voudraient coopérer à la guerre civile. »

L'Assemblée fronça le sourcil.

« On pourrait, ajoutèrent-ils, prendre pour le jury d'accusation quarante-huit jurés dans les quarante-huit sections de Paris, et quarante-huit autres jurés parmi les fédérés des départements. Il serait pris autant de jurés pour le jury de jugement. Cette haute-cour serait présidée par quatre grands jurés, pris dans l'Assemblée nationale, et deux grands procurateurs y seraient pareillement pris. »

La Commune de Paris avait, comme on le voit, son plan tracé à l'avance et ses dispositions arrêtées. Elle voulait que le Tribunal fût son œuvre, elle le voulait fortement. C'était la pierre d'assise de son édifice révolutionnaire. — L'Assemblée, qui se croyait encore toute-puissante, n'eut pas l'air de comprendre ; elle renvoya simplement ce projet d'organisation à l'examen du Comité de sûreté générale, et elle congédia sèchement les deux commissaires.

Ce n'était pas l'affaire de la Commune, qui tenait à jouer le rôle de l'épée de Brennus dans la balance. Pourtant, en cette première occasion, elle insista avant de violenter ; elle se fit tenace avant de se faire impérieuse. Le lendemain mardi, à six heures et demie du soir, elle dépêcha une députation qui vint demander « le mode d'après lequel la Cour martiale devait juger les Suisses ET AUTRES COUPABLES du 10 août. »

Et autres coupables! C'était déjà un renchérissement sur le décret du 11, qui ne mettait en jugement que les Suisses.

Et autres coupables! La Commune ajoutait cela comme une chose naturelle, sous-entendue, convenue...

Pressée si vivement, l'Assemblée législative ordonna que la commission extraordinaire présenterait, — séance tenante, — un projet de décret à cet égard. On pouvait croire de la sorte que la Commune se tiendrait pour satisfaite, du moins pendant quelques instants. Erreur! Tout était soigneusement organisé, ce jour-là, pour déjouer les faux-fuyants et empêcher les ambages.—A huit heures, plusieurs fédérés des quatre-vingt-trois départements se présentèrent à leur tour et « réclamèrent l'exécution du décret, ordonnant la formation d'une Cour martiale pour venger le sang de leurs frères. »

La Commune n'avait fait que *demander*; les fédérés *réclamaient* !

La menace n'était pas loin. Elle arriva. Une heure ne s'était pas écoulée qu'une seconde députation de la Commune était introduite à la barre, et s'exprimait en ces termes arrogants et précis :

« Le conseil-général de la Commune nous députe vers vous pour vous demander le décret sur la Cour martiale ; s'il n'est pas rendu, notre mission est de l'attendre. »

Un murmure général couvrit ces paroles. Les députés ne purent contenir l'expression de leur mécontement.

« — Les commissaires de la Commune, répondit M. Gaston, ignorent sans doute les mesures que l'Assemblée a prises relativement à la formation de cette Cour martiale. Les mots : *Notre mission est de l'attendre* sont une espèce d'ordre indirect. Les commissaires devraient mieux mesurer leurs termes et se souvenir qu'ils parlent aux représentants d'une grande nation. »

Ce blâme infligé, l'Assemblée interrogea, au nom de la commission extraordinaire, Hérault de Séchelles, chargé du rapport.

Hérault de Séchelles, rappelons-le en quelques mots, était le neveu de Mme la duchesse Jules de Polignac, par qui il avait été présenté peu d'années auparavant à la reine Marie-Antoinette. C'était un fort bel homme, connu par ses bonnes fortunes et par son luxe tout aristocratique ; c'était aussi un lettré : ses ennemis répétaient tout bas de petits vers anti-républicains tombés jadis de sa poche dans les allées de Versailles. — A l'époque dont nous parlons, il passait pour être dans les bonnes grâces de Mme de Sainte-Amaranthe.

Se conformant au ton de l'Assemblée législative, fort indisposée par les tyrannies de la nouvelle Commune, Hérault de Séchelles répondit évasivement que des difficultés nombreuses s'étaient élevées sur la formation de cette Cour, et que, dans tous les cas, le rapport de la commission ne pourrait être présenté avant le lendemain midi.

Thuriot, prenant ensuite la parole, crut qu'il n'était pas nécessaire de biaiser plus longtemps, et, profitant du mécontentement unanime, il s'expliqua avec franchise :

« — Cet objet, dit-il, ne regarde point une Cour martiale ; c'est aux tribunaux ordinaires qu'il faut le renvoyer ; car, d'après le silence du code pénal, la Cour martiale serait obligée ou d'absoudre ou de se déclarer incompétente. *Je demande que vous rapportiez le décret pour la formation d'une Cour martiale,* que vous renvoyiez l'affaire aux tribunaux ordinaires; et, comme il y a plusieurs jurés qui n'ont pas la confiance des citoyens, que vous autorisiez les sections à nommer chacune deux jurés d'accusation et deux jurés de jugement. »

Ces propositions furent adoptées.

La Commune comprit qu'elle avait été trop loin, mais elle ne regarda pas cependant la partie comme perdue. Elle se retira pour aviser de nouveau aux moyens de forcer le vouloir de l'Assemblée législative.

III

ROBESPIERRE.

Il y avait alors au sein de la Commune un homme qui ne possédait ni l'éloquence de Barnave, ni l'audace de Danton, ni l'esprit de Camille Desmoulins, ni l'inflexibilité de Marat ; « un homme d'un air commun, d'une figure grise et inanimée, régulièrement coiffé, proprement habillé comme le régisseur d'une bonne maison ou comme un notaire de village soigneux de sa personne (1). » C'était Robespierre. Il imposait, par une sorte de raison calculée et par une effronterie calme. On lui croyait des idées, et il laissait croire. Cet homme, que ses qualités négatives firent toujours porter en avant par ses collègues, et que son ambition fit rester au premier poste, fut précisément celui sur lequel la Commune jeta ses vues pour aller ébranler l'Assemblée législative.

Robespierre, qui n'avait que la bravoure des serpents et qui s'était prudemment tenu à l'écart pendant le combat du 10 août, consentit à aller arracher une sentence de mort contre ces royalistes qu'il n'avait pas osé coucher en joue.

Le mercredi soir, il se mit en route, à la tête d'une députation de la Commune. L'Assemblée venait d'être merveilleusement disposée à l'entendre par une étrange motion de Duquesnoy, dont les dernières paroles retentissaient encore :

« — Je demande, avait dit ce représentant, que tous les particuliers connus par leur incivisme soient mis en état d'arrestation et gardés jusqu'à la fin de la guerre ! »

Robespierre entra au moment où l'Assemblée passait à l'ordre du jour.

---

(1) *Mémoires d'Outre-Tombe*, par Châteaubriand.

On devina tout de suite ce qui l'amenait.

Il s'exprima ainsi :

« — Si la tranquillité publique et surtout la liberté
» tiennent à la punition des coupables, vous devez
» en désirer la promptitude, vous devez en assurer
» les moyens. Depuis le 10, la juste vengeance du
» peuple n'a pas encore été satisfaite. Je ne sais
» quels obstacles invincibles semblent s'y opposer.
» Le décret que vous avez rendu nous semble insuf-
» fisant ; et m'arrêtant au préambule, je trouve qu'il
» ne contient point, qu'il n'explique point la nature,
» l'étendue des crimes que le peuple doit punir. Il
» n'y est parlé encore que des crimes commis dans
» la journée du 10 août, et c'est trop restreindre la
» vengeance du peuple ; car ces crimes remontent
» bien au-delà. Les plus coupables des conspira-
» teurs n'ont point paru dans la journée du 10, et
» d'après la loi, il serait impossible de les punir. Ces
» hommes qui se sont couverts du masque du pa-
» triotisme pour tuer le patriotisme ; ces hommes
» qui affectaient le langage des lois pour renverser
» toutes les lois ; ce Lafayette, qui n'était peut-être
» pas à Paris, mais qui pouvait y être ; ils échappe-
» raient donc à la vengeance nationale ! Ne confon-
» dons plus les temps. Voyons les principes, voyons
» la nécessité publique ; voyons les efforts que le
» peuple a faits pour être libre. Il faut au peuple
» un gouvernement digne de lui ; il lui faut de
» nouveaux juges, créés pour les circonstances ; car

» si vous redonniez les juges anciens, vous rétabli-
» riez des juges prévaricateurs, et nous rentrerions
» dans ce chaos qui a failli perdre la nation. Le peu-
» ple vous environne de sa confiance. Conservez-la
» cette confiance, et ne repoussez point la gloire de
» sauver la liberté pour prolonger, sans fruit pour
» vous-mêmes, aux dépens de l'égalité, au mépris
» de la justice, un état d'orgueil et d'iniquité. Le
» peuple se repose, mais il ne dort pas. Il veut la
» punition des coupables, il a raison. Vous ne devez
» pas lui donner des lois contraires à son vœu una-
» nime. Nous vous prions de nous débarrasser des
» autorités constituées en qui nous n'avons point de
» confiance, d'effacer ce double degré de juridiction,
» qui, en établissant des lenteurs, assure l'impunité;
» nous demandons que les coupables soient jugés
» par des commissaires pris dans chaque section,
» souverainement et en dernier ressort. »

Il y eut quelques applaudissements à la fin de ce discours hardi ; on ne s'arrêta pas à ce que deux ou trois phrases pouvaient avoir d'agressif ; — surtout en passant par l'organe désagréable de Robespierre ; — et l'on admit la députation aux honneurs de la séance.

Ensuite, sur la proposition de l'ex-capucin Chabot, — qui, en abjurant sa religion, avait abjuré également toute humanité, — l'Assemblée décréta en principe qu'une Cour populaire jugerait les coupables, et elle renvoya pour le mode d'exécution à la Commission extraordinaire, en l'obligant à faire son rapport séance tenante.

La Commune crut triompher cette fois.

Il était une heure du matin lorsque Brissot parut à la tribune, tenant en main le rapport attendu avec tant d'impatience.

Robespierre souriait.

Les représentants, subissant l'influence de l'heure avancée, ne prêtaient plus qu'une attention confuse aux débats expirants.

Mais quel ne fut pas l'étonnement universel lorsque Brissot, méconnaissant le vœu de la députation et le décret de l'Assemblée elle-même, exposa les inconvénients qui résulteraient de la création du nouveau tribunal suprême demandé par les commissaires de la Commune. Selon lui, le tribunal criminel ordinaire, à qui l'Assemblée nationale avait renvoyé la connaissance du complot du 10 août, offrait toutes les garanties désirables « et toute la célérité que des hommes justes peuvent désirer. » Brissot résuma les motifs de ce rapport dans un projet d'adresse aux citoyens de Paris qui devait contrebalancer les influences des membres exaltés de la Commune, et dont la rédaction fait autant d'honneur à son cœur qu'à son jugement.

On y remarque ce passage, plein de modération et de bon sens :

« Citoyens, vos ennemis sont vaincus : les uns ont expié leurs crimes, d'autres sont dans les fers. Sans doute, il faut pour ceux-ci donner un grand exemple de sévérité, mais encore le donner avec fruit. Il faut bien se garder de les frapper avec le glaive du despotisme..... Sans doute, on aurait pu trouver des formes encore plus rapides, mais elles appartiennent au despotisme seul ; lui seul peut les employer, parce qu'il ne craint pas de se déshonorer par des cruautés ; mais un peuple libre veut et doit être juste jusque dans ses vengeances. On vous dit que les tyrans érigent des commissions et des chambres ardentes ; et c'est précisément parce qu'ils se conduisent ainsi que vous devez abhorrer ces formes arbitraires. »

Soit lassitude, soit conviction, l'Assemblée adopta unanimement ce projet d'adresse, — au grand désappointement de Robespierre et de sa cohorte, qui durent s'en tenir aux honneurs de la séance. Toutefois, comme elle ne voulait pas les mécontenter absolument et qu'elle reconnaissait d'ailleurs que plusieurs membres du tribunal criminel ordinaire étaient suspects au peuple, elle décréta, avant de se séparer, la formation d'un nouveau jury et ordonna que les sections nommeraient chacune quatre jurés.

Ainsi se termina, à deux heures du matin, cette séance haletante où l'opiniâtreté de la Commune dut céder encore une fois devant les scrupules réveillés de la partie honnête de l'Assemblée législative.

IV

THÉOPHILE MANDAR. — INTIMIDATION. — JOURNÉE DU 17. — LA COMMUNE L'EMPORTE.

L'adresse rédigée par Brissot fut imprimée le lendemain jeudi et affichée immédiatement dans toutes les sections. Elle ne fit qu'irriter ceux qui désiraient faire croire à l'effervescence du peuple, au courroux du peuple, à sa soif de vengeance ! Des émissaires de la Commune se répandirent dans les principaux quartiers et firent courir le bruit qu'on voulait acquitter les Suisses ; ils déterminèrent de la sorte quelques rumeurs isolées, dont on se promit de tirer parti. — Au nombre de ces orateurs de carrefour, qui joignaient une exaltation brutale à une grande vigueur de poumons, on remarquait Théophile Mandar, petit homme de bizarre tournure, de bizarre figure et de bizarre esprit. A ceux qui le plaisantaient sur l'exiguité de sa taille, il avait l'habitude de répondre fièrement, et en se redressant : « Il n'y a rien de si petit que l'étincelle ! » Théophile Mandar exerçait beaucoup d'influence sur les Jacobins des faubourgs par son énergique et originale faconde ; il était en outre vice-président de la section du Temple. Toutes ces considérations le firent distinguer de la Commune ; et Robespierre ayant, par suite de son insuccès de la veille, refusé nettement de se représenter à la barre, on décida de lui substituer Théophile Mandar. C'était substituer la flamme à la fumée, le coup à la menace. L'orateur populaire n'était ni un homme de demi-mesure, ni un homme de demi-langage. Le vendredi, 17, à dix heures du matin, il pénétra seul dans l'enceinte de l'Assemblée, vêtu plus pittoresquement que proprement ; et, de sa voix de tonnerre qu'on s'étonnait d'entendre sortir d'un si faible corps, il proféra les paroles suivantes :

« — Je viens vous annoncer que ce soir, à minuit,

le tocsin sonnera, la générale battra! Le peuple est las de n'être pas vengé. Craignez qu'il ne se fasse justice lui-même! *Je demande* que, sans désemparer, vous décrétiez qu'il soit nommé un citoyen par chaque section pour former un tribunal criminel. *Je demande* qu'au château des Tuileries soit établi ce tribunal. »

Chacune de ces phrases, courte et hautaine, avait retenti comme un coup de feu. Les représentants en demeurèrent troublés. Quand il eut fini, il distribua gravement plusieurs copies de son discours; car j'ai oublié de dire que Théophile Mandar était une manière d'homme de lettres;—et, comme tous les hommes de lettres, il tenait beaucoup à ses phrases.

Par exemple, il n'obtint pas les honneurs de la séance.

Choudieu le réprimanda même très-dédaigneusement et très-catégoriquement :

« — Il y a une proclamation faite, dit-il ; elle est suffisante. Tous ceux qui viennent CRIER ici ne sont pas les amis du peuple. Si l'on ne veut pas obéir aux décrets de l'Assemblée nationale, elle n'a pas besoin d'en faire. *On veut établir un tribunal inquisitorial ;* je m'y oppose de toutes mes forces; je m'opposerai toujours à un tribunal qui disposerait arbitrairement de la vie des citoyens!»

La question se posait ouvertement. L'antagonisme entre l'Assemblée et la Commune apparaissait à nu.

Celle-ci voulait peser sur celle-là ; elle avait commencé par dire : *Je demande ;* elle finissait par dire : *Je veux !* L'Assemblée laissa éclater sa colère et le ressentiment de son amour-propre froissé grossièrement, et ce fut sur la tête de Théophile Mandar que l'orage fondit tout entier.

Thuriot monta à la tribune après Choudieu, et se montra plus explicite encore :

« — Il ne faut pas que quelques hommes viennent substituer ici leur volonté particulière à la volonté générale. Puisque dans ce moment on cherche à vous persuader qu'il se prépare un mouvement, une nouvelle insurrection ; puisque dans ce moment où l'on devrait sentir que le besoin le plus pressant est celui de la réunion, on essaie encore d'agiter le peuple, je demande que le corps législatif se montre décidé à mourir plutôt qu'à souffrir la moindre atteinte à la loi, et décrète qu'il sera envoyé des commissaires dans les sections pour les rappeler au respect. Il ne faut pas de magistrats qui cèdent à la première impulsion du peuple lorsqu'on le trompe. J'aime la liberté, j'aime la Révolution ; *mais s'il fallait un crime pour l'assurer, j'aimerais mieux me poignarder !* La Révolution n'est pas seulement pour la France, nous en sommes comptables à l'humanité. Il faut qu'un jour tous les peuples puissent bénir la Révolution française ! »

Ah ! c'étaient là de belles dispositions ! c'étaient à de nobles principes ! Les derniers efforts de ces hommes pour résister au courant de sang qui va bientôt les entraîner, l'accent généreux et sincère de quelques-uns, leur lutte désespérée, patiente, contre les Jacobins grondants et croissants, leur répugnance et leur lenteur à punir, enfin les sentiments d'ordre moral qui les animent encore, ont un caractère de dignité qu'on ne peut pas méconnaître. On les excuse quelquefois, on les plaint presque toujours.

Aussi désappointé que Robespierre, et chargé plus que lui de l'indignation des représentants, Théophile Mandar, le bouc émissaire, se retira, ne rapportant qu'un échec de plus à ceux qui l'avaient envoyé.

Pourtant, ses paroles germaient dans l'Assemblée; elles étaient la preuve désolante des résolutions implacables de la Commune; et, aux manifestations obstinées de ce nouveau pouvoir, d'autant plus despotique qu'il s'autorisait du peuple, il était facile de prévoir qu'on ne pourrait pas résister toujours. Ces réflexions absorbèrent une partie de la séance et réagirent sur les travaux de la Commission extraordinaire. Aussi lorsque, le même jour, une députation des citoyens nommés pour former les jurys d'accusation et de jugement parut à la barre, trouva-t-elle l'Assemblée fatalement disposée à l'écouter, comme de guerre lasse.

Voici en quels termes s'exprima le chef de cette nouvelle députation :

« — Je suis envoyé par le jury d'accusation, dont je suis membre, pour venir éclairer votre religion, car *vous paraissez être dans les ténèbres* sur ce qui se passe à Paris. Un très-petit nombre des juges du tribunal criminel jouit de la confiance du peuple, et ceux-là ne sont presque pas connus. Si *avant deux ou trois heures* le directeur du jury n'est pas nommé, si les jurés ne sont pas en état d'agir, *de grands malheurs se promèneront dans Paris*. Nous vous invitons à ne pas vous traîner sur les traces de l'ancienne jurisprudence. C'est à force de ménagements que vous avez mis le peuple dans la nécessité de se lever, car, législateurs, C'EST PAR SA SEULE ÉNERGIE que le peuple s'est sauvé. Levez-vous, représentants, soyez grands comme le peuple pour mériter sa confiance ! »

Il y a une variante de ce discours dans le *Patriote français* ; nous la donnons ici, pour montrer combien, dans ces temps de troubles, les comptes-rendus des séances variaient selon l'esprit des journaux et la conscience des rédacteurs : « Si le tyran eût été vainqueur, déjà DOUZE CENTS échafauds auraient été dressés dans la capitale, et plus de trois mille citoyens auraient payé de leurs têtes le crime énorme, aux yeux des despotes, d'avoir osé devenir libres ; et le peuple français, victorieux de la plus horrible conspiration, vainqueur de la plus noire trahison, n'est pas encore vengé ! Les principes de la justice sont-ils donc différents pour un peuple souverain et pour un peuple esclave ? Nous n'avons posé les armes que parce que vous nous avez promis justice; vous nous la rendrez ! »

La progression était régulièrement observée, rigoureusement suivie. Maintenant ce n'étaient plus les jurés qui étaient suspects, c'étaient les juges qui gênaient. Ruse aisée à concevoir ! prétexte insidieux ! Sous mille détours et mille déguisements, revenait sans cesse l'inexorable question de l'établissement d'un tribunal spécial, extraordinaire, suprême !

A la fin, l'Assemblée se sentit au bout de son courage et de sa volonté...

Elle ne put tenir plus longtemps contre le flot envahissant de ces pétitionnaires féroces.

Elle annonça, en soupirant, que la députation allait être satisfaite ; et bientôt, en effet, la Commission extraordinaire, — poussée, elle aussi, jusque dans ses derniers retranchements, — proposa, par l'organe d'Hérault de Séchelles, un projet de décret dont voici les principales bases :

« Il sera procédé à la formation d'un corps électoral pour nommer les membres d'un Tribunal criminel destiné à juger les crimes commis dans la journée du 10 août courant, et autres crimes y relatifs, circonstances et dépendances.

» Ce tribunal, qui prononcera en dernier ressort, sans recours au tribunal de cassation, sera divisé en deux sections composées chacune de quatre juges, quatre suppléants, un accusateur public, deux greffiers, quatre commis-greffiers et d'un commissaire national, nommé par le pouvoir exécutif provisoire.

» Les deux juges qui auront été élus les premiers, présideront chacun une des sections.

« Le costume et le traitement des membres composant le tribunal créé par le présent décret seront les mêmes que ceux attribués aux membres du Tribunal criminel du département de Paris, etc., etc. »

Il n'y avait plus moyen d'éluder.

L'Assemblée législative adopta ce projet de décret, sans discussion. Thuriot lui-même, Thuriot qui s'en était montré l'adversaire le plus chaleureux, demeura muet. Toute protestation eût été stérile en ce moment ; son silence confessa l'ascendant de la Commune.

Quoi qu'il en soit, Robespierre ne lui pardonna jamais son opposition d'un instant ; et, après le 9 thermidor, on trouva dans ses papiers la note suivante, écrite de sa main : « Thuriot ne fut jamais qu'un partisan d'Orléans ; son silence depuis la chute de Danton et depuis son expulsion des Jacobins, contraste avec son bavardage éternel avant cette époque. Il se borne à intriguer sourdement et à s'agiter beaucoup à la Montagne, lorsque le Comité de salut public propose une mesure fatale aux factions. C'est lui qui, le premier, fit une tentative pour arrêter le mouvement révolutionnaire, en prêchant l'indulgence sous le nom de morale, lorsqu'on porta les premiers coups à l'aristocratie. »

CHAPITRE II.

NUIT DU 17 AU 18. — ON NOMME LES MEMBRES DU TRIBUNAL. — ROBESPIERRE REFUSE LA PRÉSIDENCE.

Il nous a paru nécessaire de débrouiller, un peu minutieusement peut-être, l'origine de ce tribunal, de bien faire connaître ses fondateurs, de porter la lumière dans les causes secrètes qui ont amené sa création, de n'omettre aucune des instances barba-

res qui l'ont déterminée. Les Suisses n'étaient qu'un prétexte, l'attentat du 10 août n'était qu'un moyen.
— Livrez-nous l'échafaud, donnez-nous la clef des prisons ! voilà ce que demandait la Commune en demandant l'établissement d'un tribunal populaire. Les députés le savaient bien ; aussi firent-ils la sourde oreille autant que cela leur fut possible ; puis à bout de résistance, ils se lavèrent les mains, à la manière politique de Ponce-Pilate.

A dater de ce jour vont commencer ces fatales proscriptions, ces aveugles représailles, ces assouvissements populaires dont le récit attend toujours et attendra longtemps un Tacite. De ce pouvoir tombé dans la rue et cassé en miettes, les ignorants, les criminels, les ambitieux, les sages et les fous, tout le monde enfin va se partager les morceaux. Une moitié de Paris va dénoncer l'autre, enfermer l'autre, tuer l'autre !

La Commune ne perdit pas une seconde. A peine le décret de l'Assemblée eut-il été rendu, que les quarante-huit sections désignèrent des électeurs pour procéder au choix des membres du nouveau tribunal. Dans la nuit du 17 au 18, ces électeurs se rassemblèrent à l'Hôtel-de-Ville et nommèrent les juges et les quatre-vingt-seize jurés (deux par section.)

Le premier nom qui sortit fut celui de Robespierre.

C'était justice !

Voici les autres noms, dont le *Moniteur* publia le lendemain la liste incomplète et mal orthographiée :

JUGES.—MM. Robespierre, Osselin, Mathieu, Pepin-Dégrouhette, Laveaux, d'Aubigni, Coffinhal-Dubail. (Il manque un juge.)

ACCUSATEURS PUBLICS.—Lullier, Réal.

MEMBRES DU JURY D'ACCUSATION. — Leroi, Blandin, Bottot (et non Bolleaux), Lohier, Loyseau, Caillère de l'Etang, Perdrix.

SUPPLÉANTS. — Desvieux, Boucher-René, Jaillant, Maire, Dumouchel, Jurie, Mulot (et non Multot), Andrieux.

GREFFIERS.—Bruslé, Hardy (et non Gardy), Bourdon, Mollard.

C'étaient tous des membres de la Commune, ou des gens dévoués corps et âme au parti anarchiste. La plupart, tels que Lullier, Desvieux, Pépin, Bourdon, etc., avaient même fait partie des députations envoyées à l'Assemblée. On pouvait donc compter sur eux, à bon droit.

Cette liste fut accueillie avec faveur par les sections, presque entièrement jacobinisées.

Ensuite le conseil-général de la Commune qui, depuis le 10 août, s'était lui aussi déclaré en permanence, déclara que, la place du Carrousel étant le lieu où *le crime* avait été commis, la place du Carrousel serait le théâtre de l'expiation.

Sur la proposition de la section de Montreuil, une

garde composée de citoyens et de gendarmes fut affectée au nouveau tribunal (1).

On prit encore d'autres dispositions, et l'on se sépara, après avoir décidé que l'installation aurait lieu le lendemain, 18 août, au Palais-de-Justice.

Dans cet intervalle, Robespierre se sentit atteint de scrupules singuliers ; il refusa l'honneur de la présidence auquel l'appelait cet article du décret : « Les deux juges qui auront été élus les premiers présideront chacun une des sections. » Ce rôle lui parut sans doute trop subalterne; celui d'instigateur lui convenait mieux, quant à présent. Il n'en voulait pas d'autre.

Ce refus ayant été diversement interprété, il se vit obligé de publier une lettre explicative. Nous la reproduisons :

« Certaines personnes ont voulu jeter des nuages sur le refus que j'ai fait de la place de président du tribunal destiné à juger les conspirateurs. Je dois compte au public de mes motifs.

» J'ai combattu, depuis l'origine de la Révolution, la plus grande partie de ces criminels de lèse-nation ; j'ai dénoncé la plupart d'entre eux ; j'ai prédit tous leurs attentats, lorsqu'on croyait encore à leur civisme; je ne pouvais être le juge de ceux dont j'ai été l'adversaire, et j'ai dû me souvenir que s'ils étaient les ennemis de la patrie, ils s'étaient

---

(1) Voir les *Procès-Verbaux de la Commune de Paris*.

aussi déclarés les miens. Cette maxime, bonne dans toutes les circonstances, est surtout applicable à celle-ci. La justice du peuple doit porter un caractère digne de lui ; il faut qu'elle soit imposante autant que PROMPTE et TERRIBLE. »

« L'exercice de ces nouvelles fonctions était incompatible avec celui de représentant de la Commune, qui m'avait été confié ; il fallait opter : je suis resté au poste où j'étais, convaincu que c'était là où je devais actuellement servir ma patrie.

» Signé ROBESPIERRE. »

La liste du *Moniteur* se trouva dès lors modifiée. Cette liste, envoyée à la hâte et où les noms sont presque tous estropiés (nous leur avons restitué leur orthographe), est d'ailleurs, comme nous l'avons dit, très-incomplète ; entre autres, un nom des plus importants y est omis, celui du directeur du jury d'accusation : — Fouquier-Tinville.

II

INSTALLATION AU PALAIS-DE-JUSTICE.

L'installation du *Tribunal criminel du dix-sept août* — ainsi fut-il nommé du jour de sa création — se fit au Palais-de-Justice, dans la grand'chambre du parlement, au milieu d'une foule assez considérable, que l'on avait, la veille, prévenue et convoquée. Le grand escalier était principalement couvert de ces agitateurs à gages, que nous retrouverons partout dans le courant de cette histoire, au pied de l'échafaud comme sur les degrés de l'autel de l'Etre-Suprême, dans les tribunes de la Convention et dans la nef souillée de Notre-Dame, — éternel ramas de ces hommes *perdus de dettes et de crimes,* dont parle Corneille, qui poussent au char de toute révolution. Dans l'affreuse langue d'alors, on appelait cette multitude : la *huaille.* Son patriotisme ne se manifestait, en effet, que par des huées ; son enthousiasme procédait par vociférations. Elle se croyait le peuple, comme se croit l'eau la vase qui monte des étangs battus.

On voulait donner et l'on donna une certaine pompe à cette cérémonie; on emprunta même des formes antiques. Chaque membre du Tribunal fut tenu de monter sur une espèce d'estrade, et là, de proférer ces mots, en s'adressant à la foule : — Peuple! je suis un tel, de telle section, demeurant dans telle section, exerçant telle profession; avez-vous quelque reproche à me faire? Jugez-moi avant que j'aie le droit de juger les autres.

Après une minute d'attente, si personne n'élevait la voix, il descendait et faisait place à un autre.

Il n'y eut de réclamation contre aucun membre.

Etait-ce donc à dire que tous ces hommes fussent également purs, également honorables? Leur passé était-il si complétement à l'abri de tout reproche?

Quoi! pas une objection, pas une observation partie du sein de cet auditoire? Qui le stupéfiait de la sorte? Ah! c'était sans doute l'impudence de quelques-uns de ces jurés, qui, banqueroutiers, voleurs, intrigants, osaient faire retentir dans l'enceinte de la justice leur nom flétri par la loi et dire en face au peuple : — Jugez-moi avant que je juge les autres !

Eh bien ! ce que le peuple égaré ou tremblant n'eut pas le courage de faire, nous le ferons, nous, et nous arracherons leur masque à ces magistrats de hasard; nous dirons leurs titres à l'estime et au respect; nous les ferons descendre, couverts de honte, de l'estrade où l'audace les a hissés !

Cette première formalité accomplie, les juges, les jurés, les accusateurs publics prêtèrent, en présence des représentants de la Commune, le serment d'être fidèles à la nation et de maintenir l'exécution des lois ou de mourir à leur poste.

A leur tour, les juges reçurent le même serment des commissaires nationaux et des greffiers.

Puis, on se mit à l'œuvre.

Les accusés ne manquaient pas, il n'y avait qu'à choisir. Les cachots regorgeaient, grâce aux visites domiciliaires, aux mandats d'arrêt du Comité de surveillance et aux dénonciations particulières. Des princes, des princesses, des journalistes, des ouvriers, des prêtres, des militaires ! La moisson promettait d'être grasse, elle le fut.

Lorsqu'on eut employé la plus grande partie de la

journée à des dispositions générales (1) indispensables, on convint d'instruire l'affaire de M. Collenot d'Angremont, convaincu d'embauchage pour le compte de Louis XVI.

Mais avant de suivre le Tribunal du 17 août dans ses premiers travaux, examinons, ainsi que nous l'avons promis, les antécédents des membres qui le composent ; — et, avant qu'ils ne la rendent aux autres, rendons-leur à eux-mêmes la justice qui leur est due.

---

(1) « Le jury spécial d'accusation désirant apporter à ses opérations toute la célérité dont ses fonctions se trouvent susceptibles, a nommé pour demander en son nom dans les bureaux de la mairie et dans ceux de la maison-commune tous les papiers et pièces dont il a besoin pour accélérer l'importante mission dont il est chargé, MM. Petit fils et Garnier. FAIT AU TRIBUNAL, SÉANCE TENANTE, l'an IVe de la liberté et Ier de l'égalité. » (*Procès-verbaux de la Commune.*)

III

UN SYBARITE DE LA DÉMOCRATIE.
— NICOLAS OSSELIN.

« Les augures, en s'envisageant les uns les autres, se riaient au nez. Il devrait en être de même des hommes de loi ; on peut m'en croire, car je l'ai été longtemps. » Ainsi s'exprimait effrontément à la tribune, le 22 septembre 1792, cet Osselin qui avait abandonné la place de président de la première section du Tribunal pour celle de député à la Convention.

Pourtant ce n'était pas un souvenir à venir évoquer. Nicolas Osselin avait été un triste et honteux homme de loi avant la Révolution. Les scandales de sa jeunesse l'avaient empêché, en 1783, d'être admis dans la compagnie des notaires de Paris. Comme il avait traité d'une charge, il plaida lui-même contre eux et perdit. C'était le fils d'un bourgeois aisé; il possédait le ton de la bonne compagnie et joignait à un visage agréable une grande élégance de costume et de manières. Il composait des vers galants, et l'une de ses romances : *Te bien aimer, ô ma tendre Zélie!* qui fit longtemps les délices des boudoirs, est peut-être encore vivante dans le souvenir de quelques octogénaires. On peut donc supposer qu'il ne tenait pas extraordinairement à être notaire; cependant il tenait à être quelque chose, et son ambition ne se trouvait pas satisfaite par des succès de salon ou par des triomphes de coulisses.

En 1789, il figura parmi les électeurs de Paris; puis devint membre de la municipalité, dont Bailly était le maire. Osselin se conduisit avec mesure dans les premières luttes de ce pouvoir nouveau contre les exigences d'un peuple naissant à la liberté. Mais les événements, à cette époque, emportaient les hommes ou les brisaient. Jeune, ardent, Osselin bondit avec les flots du torrent et adopta sans réserve les théories démocratiques; ennemi furieux de la cour, il combattit néanmoins les excès populaires. Le propre de ces organisations extrêmes est de se brouiller avec tous les partis. C'est ainsi que, lorsque La Fayette voulut donner sa démission de commandant des gardes nationales, Osselin, dans un élan d'enthousiasme, alla jusqu'à prier à genoux le général de conserver son commandement, — démarche peu digne, que censura Bailly lui-même, et dont Marat se servit plus tard pour dominer Osselin et pour le pousser dans les exagérations déjà trop naturelles à ce caractère faible et mobile (1).

Bailleul, dans son *Almanach des Bizarreries humaines* ou recueil d'anecdotes sur la Révolution, dépeint Osselin comme « un pauvre homme, un brouillon avec une activité de singe et toute l'intrigue d'un révolutionnaire. Il avait néanmoins un peu de cette faculté qu'on appelle de l'esprit à Paris, et qui consiste à donner à des riens une tournure plaisante. Quand il avait attrapé un bon mot, ou ce qu'il croyait en être un, il en riait le premier à gorge déployée et sans fin. »

Osselin était administrateur des domaines lorsque le vœu des électeurs l'appela au nouveau tribunal criminel. Il avait activement figuré parmi les moteurs de l'insurrection du 10 août; et, précédemment, en

---

(1) *Histoire des Prisons de l'Europe.*

juillet, il avait pris la défense de Manuel et de Pétion, lors de leur destitution successive. Tous ces services méritaient une récompense ; le refus de Robespierre le laissa président de la première section du Tribunal,— poste qu'il ne conserva que pendant plusieurs semaines, c'est-à-dire jusqu'au jour où il alla siéger à la Convention nationale. Il avait alors trente-neuf ans, et il habitait un coquet appartement dans une ancienne maison de la rue de Bourbon, au faubourg Saint-Germain.

Pendant son court passage au Tribunal du 17 août, Osselin, — tout le monde s'accorde à le reconnaître, — fit preuve de modération et s'acquitta de ses fonctions de président avec une conscience qui mécontenta plusieurs fois la Commune et le peuple. C'est que ce n'était pas au fond un méchant homme. Hélas ! c'était pis, peut-être. Sous une aveugle impétuosité, il cachait une faiblesse de caractère des plus dangereuses.....

IV.

MATHIEU. — PEPIN-DÉGROUHETTE. — LAVEAUX. — D'AUBIGNI. — COFFINHAL-DUBAIL.

Ce Mathieu ne fit que passer à travers le Tribunal du 17 août, comme Osselin. Au bout de quelques séances, on ne retrouve plus son nom.

« Pierre-Athanase Pepin-Dégrouhette, espèce de cul-de-jatte, avait été renfermé à Bicêtre pendant quatorze ans, puis valet à l'Hôtel-Dieu, puis postulant aux justices subalternes de Montmartre et de La Villette. La fille d'un portier l'avait recueilli ; il l'avait épousée et associée à sa misère. » Ces quelques lignes de biographie, dues à la plume bien informée d'un contemporain (l'avocat Maton de La Varenne, qui refusa d'être le défenseur de Fouquier-Tinville, après avoir été celui de tous les voleurs du royaume), ne contiennent rien de chargé. Pepin-Dégrouhette était un homme méprisable de tous points ; il joignait la corruption de l'âme à la bassesse du visage. *Son immoralité n'était un problème pour personne,* selon l'expression d'un témoin dans le procès des prisons. Après la cassation du Tribunal, où il avait remplacé Osselin à la présidence de la première section, il fut arrêté comme prévenu de s'être enrichi dans ses fonctions par des voies illicites ; et il n'échappa aux charges terribles qui pesaient sur lui qu'en remplissant à Saint-Lazare le rôle odieux de *mouton* ou délateur, — ainsi que nous le verrons plus tard.

A côté de cet être abject, nous sommes heureux de pouvoir reposer notre vue sur un homme intelligent, le plus instruit du parti jacobin, un des collaborateurs de Mirabeau dans son travail de la *Monarchie prussienne,* le célèbre lexicographe Laveaux. Celui-là au moins n'a pas de taches avilissantes sur son passé ; c'est un révolutionnaire ardent, mais agissant par conviction, rarement par intrigue. Ami de Frédéric-le-Grand, qui lui avait donné une chaire de littérature française à Berlin, Laveaux avait écrit une trentaine de volumes de toute sorte, lorsque la Révolution française fit explosion. Il crut qu'il devait ses lumières à son pays et il revint en France, où jusqu'au mois de mai 1792 il rédigea le *Courrier de Strasbourg*, pour lequel il essuya quelques persécutions. Il était à Paris lors de la journée du 10 août ; lié avec les principaux chefs de la démocratie, il ne fut pas oublié par eux lors de la formation du nouveau Tribunal criminel. Il fut nommé président de la deuxième section, et la sagesse de sa conduite répondit à ce qu'on était en droit d'attendre de son savoir et de son expérience. Laveaux avait quarante-trois ans; il avait pris, à Bâle, les ordres dans l'église réformée. C'est l'auteur du grand dictionnaire qui porte son nom.

Nous retombons maintenant dans l'ignorance et dans la fange. D'Aubigni, fils d'un ancien notaire de Blérancourt, dans le département de l'Aisne, est un portrait qui répugne au pinceau autant que le portrait de Pepin-Dégrouhette.

Il n'appert pas, en effet, que Jean-Louis-Marie Vilain d'Aubigni fut un homme d'une probité exacte, d'une réputation immaculée. Sa mémoire nous arrive toute noircie à travers les nuages de la Révolution. Ancien procureur au parlement de Paris, puis agent d'affaires, on le voit poindre après la prise de la Bastille et aux événements des 5 et 6 octobre, où il figure comme simple garde national. Un an plus tard, il se fait recevoir membre de la société des *Amis de la Constitution*, séant aux Jacobins de la rue Saint-Honoré. A partir de cette époque il *joue un rôle*, selon une expression d'alors, et il apparait comme un des plus fougueux champions de la démocratie.

La journée du 10 août le vit se multiplier aux alentours du château et dans le château même. Il sentait l'or et le convoitait. Peltier veut qu'il ait été un des instigateurs de la mort du journaliste Suleau, ce jeune homme que sa belle mine, l'éclat de ses armes et la fraîcheur de son uniforme avaient fait arrêter à huit heures et demie du matin sur la terrasse des Feuillants. « Un factieux, nommé d'Aubigni, chassé depuis de la municipalité nouvelle pour ses vols, accabla Suleau de reproches et d'invectives; il le fit dépouiller de son bonnet de grenadier, de son sabre et de sa giberne. Suleau protesta contre cette violence de la manière la plus énergique. Sur ces entrefaites arrive Théroigne de Méricourt ; elle lui saute au collet et aide à l'entraîner ; il se débat comme un lion contre vingt furieux, mais vainement ! Mis hors d'état de défense, on le saisit, on le taille en pièces (1). »

Dans un mémoire justificatif qu'il répandit lors de

---

(1) *Dernier tableau de Paris ou Récit de la révolution du 10 août*, par J. Peltier.

sa déportation, Vilain d'Aubigni a prétendu avoir sauvé la vie à une foule de personnes dans la journée du 10 août, notamment à la compagnie colonnelle des Suisses tout entière, ainsi qu'à l'état-major de ce régiment. Cette assertion, qui ne repose sur aucune espèce de témoignage, me paraît combattue par un passage d'un autre de ses mémoires, publié, celui-là, en l'an II, et dans lequel Vilain d'Aubigni s'exprime d'une manière bien différente : « Roland et ses complices, dit-il, ne peuvent me pardonner d'avoir, dans la nuit et la matinée de l'immortelle journée du 10 août, détruit leur espoir, en livrant à une **MORT PROMPTE ET TERRIBLE** les principaux chefs qu'ils avaient chargés de l'exécution de leur conjuration. »

Quoi qu'il en soit, ce fut d'Aubigni qui, en sa qualité de commissaire de la section des Tuileries, inventoria, après l'invasion du château, les objets précieux qui s'y trouvaient. Cet inventaire fut long. Il fit main-basse sur quelques sacs ; — on a prétendu, on a même imprimé que sa femme, craignant les perquisitions, avait, à son insu, rapporté à la Commune cent mille livres dont il s'était emparé. D'Aubigni eut à subir divers interrogatoires à cet égard, il se défendit mal ; mais comme il était l'ami de Danton et que Danton était tout-puissant à cette époque, on ferma les yeux. Sur ces entrefaites, il fut appelé par les électeurs à faire partie du Tribunal du 17 août. — Quel juge !

Le dernier qui se présente sous notre plume, ce n'est pas un voleur, c'est un bourreau, c'est Coffinhal. Une haute stature, des yeux noirs, d'épais sourcils, un teint jaune, la voix d'un butor, tel est le portrait de cet Auvergnat, d'abord médecin, ensuite procureur au Chatelet, puis révolutionnaire par tempérament. Il avait ajouté à son nom celui de Dubail, pour se distinguer de ses deux frères, Coffinhal et Coffinhal Dunoyer. Il avait trente-huit ans. Il figure assez sur les premiers plans de cette histoire pour que nous soyons dispensé d'en parler davantage en ce moment.

V.

LES DEUX ACCUSATEURS PUBLICS. — RÉAL, LULLIER.

« Il n'est personne qui ne se souvienne d'avoir remarqué dans le monde un vieillard plus que septuagénaire, d'une taille moyenne, mais bien prise, d'une toilette modeste, mais propre et soignée, d'une tournure encore virile et quelque fois sémillante, qui ne rappelait en rien la caducité de l'âge et les orages de la vie ; d'une figure peu régulière, mais qui avait été agréable, et qui l'était encore à force d'expression ; coiffé de beaux cheveux blancs qu'on envierait à vingt ans, et armé d'un regard bleu, lucide et transparent où n'avait jamais cessé de briller le feu d'une ardente jeunesse.

» Quand le dîner tirait à sa fin, et que la conversation devenait tout-à-coup générale autour d'une table splendidement servie, dont j'ai vu faire les honneurs par une des plus aimables et des plus jolies femmes de Paris (Mme Coste), une voix souple et ferme, sonore et bien accentuée, s'élevait d'ordinaire, dominait toutes les autres, et finissait par captiver l'attention des plus distraits. C'est ce que n'était plus une causerie vague et souvent insipide pour ceux mêmes qui en font les frais ; c'était une narration spirituelle, animée, riche sans digression, pleine sans verbiage, érudite sans pédantisme, et polie sans afféterie, dont l'attrait paraissait d'autant plus piquant aux écouteurs que l'historien avait presque toujours été un des principaux personnages des scènes qu'il racontait. Or, ce n'était pas là de ces scènes vulgaires auxquelles la vanité seule d'un homme prévenu de son importance peut supposer quelque intérêt, parce qu'il imagine sottement que le reflet de son nom couvrira la pauvreté de son récit. C'était du grave, du grandiose, du terrible. Tous les acteurs imposants de la Révolution y jouaient leur rôle, depuis les despotes sanguinaires qu'avait faits la populace, jusqu'au grand homme que ses soldats avaient fait empereur; et voilà pourquoi, lorsque cet homme avait fini de parler, on gardait quelque temps le silence, comme pour l'entendre encore.

» Cet homme, ce vieillard, c'était le comte Réal. »

En puisant dans ses souvenirs, Charles Nodier en a rapporté cette vive peinture, que nos lecteurs nous remercieront sans doute d'avoir mise sous leurs yeux. Nous ajouterons peu de chose à ces traits fermement et spirituellement arrêtés. Réal, pour qui l'on devait créer un jour le titre d'*Historiographe de la République française*, est, comme Laveaux, un de ces hommes qu'on aime à rencontrer (justement parce qu'ils ne sont pas à leur place) parmi les brutes et les scélérats qui débordent en temps de révolution. Ils font un vilain métier, mais au moins ils ont les mains nettes; et en dehors de la politique ce sont des gens distingués, érudits, à demi-passionnés et à demi-habiles, de ceux-là qui se sauvent toujours en suivant simplement le courant des affaires. Aussi la fortune rapide de ce Pierre-François Réal, fils d'un garde-chasse, ensuite petit procureur au Chatelet, puis accusateur public au Tribunal du 17 août, et successivement substitut de Chaumette, commissaire du gouvernement au département de Paris, conseiller d'Etat, préfet de police sous l'Empire et comte par-dessus tout, cette fortune-là, disons-nous, ne doit pas étonner.

Son collègue Lullier, avec moins d'importance réelle, s'agita davantage, mais il ne réussit qu'à être odieux. Favori de la Commune, il fut, en décembre, le compétiteur de Chambon pour la place de maire de Paris. Nous le verrons, dans les hideuses journées de septembre, continuer à la Force le rôle qui lui avait été confié au Tribunal du 17 août et désigner aux sabres des égorgeurs la tête blonde et charmante de la princesse de Lamballe.

VI.

LEROI. — BOTTOT. — LOHIER. — LOYSEAU. — CAILLÈRE DE L'ÉTANG. — BOUCHER-RENÉ. — MAIRE, ETC.

Ceux-ci représentent le jury d'accusation et quelques suppléants. Le premier est un ci-devant marquis, — le marquis de Montflabert, — maire de Coulommiers. Il a renoncé à son titre et même à son nom pour s'affubler du sobriquet de *Dix-Août*.

On a trouvé d'autant plus piquant d'en faire un juré qu'il est sourd, et par conséquent moins susceptible qu'un autre de se laisser influencer par les dépositions des témoins.—Il mourra sur l'échafaud.

Bottot est jeune ; il essaiera de provoquer l'acquittement de quelques prévenus;—il sera destitué.

L'épicier Lohier est un des serviles comparses de la Commune. On sera content de lui au Tribunal du 17 août, on le conservera au Tribunal révolutionnaire.

Loyseau était chirurgien-barbier dans un village de la Beauce avant la Révolution. Dans ses nouvelles attributions, il se montrera tellement sévère qu'on le croira digne d'aller siéger parmi les juges de Louis XVI, et qu'il se trouvera un département pour l'envoyer à la Convention nationale.

Caillère de l'Etang, avocat, homme instruit.

Boucher-René exercera les fonctions de maire de Paris, par intérim, après la démission de Pétion.

Maire, de la section des Arcis, passera au tribunal du 10 mars et n'y sera pas suivi par une réputation de clémence.

Je laisse de côté plusieurs noms, tout-à-fait enfouis dans l'ombre, tels que Jaillant, Jurie, Dumouchel (ne pas confondre avec l'ex-recteur de l'Université, évêque constitutionnel, etc.), Blandin, Andrieux (non pas le littérateur), et d'autres encore, pour qui l'oubli est un bienfait et le dédain une grâce.

Cette brigade d'accusation était commandée par l'homme oublié dans le *Moniteur*, par Fouquier-Tinville, ancien procureur au Chatelet et *assassin en première instance.*

VII.

FOUQUIER-TINVILLE.

Mais alors Fouquier-Tinville n'en était qu'à ses premières armes. Il débutait au Tribunal du 17 août. Que dis-je? C'était un nouvel époux; il venait tout récemment de convoler en secondes noces avec une jeune fille NOBLE, de petite taille, mais de très-jolie figure, — car l'accusateur public était sensible aux charmes de la physionomie. Il aimait aussi la bonne chère et il avait le mot pour rire à l'occasion. « Il avait surtout, dit Desessarts, un goût de prédilection pour les danseuses de spectacles, auxquelles il sacrifia sans réserve sa fortune. » — C'était du temps de sa première femme que ce *goût de prédilection* lui était venu ; cette femme se plaignait quelquefois de lui voir dissiper ainsi son patrimoine. Cela donna du mécontentement à Fouquier-Tinville. Mais, par bonheur, cette femme mourut bientôt, lui laissant sa liberté et trois enfants.

Ce fut alors que Fouquier-Tinville s'éprit de la petite aristocrate en question. J'ignore si elle lui apporta de la fortune ; il en avait besoin ; car, après avoir vendu sa charge, il ne lui était resté que des dettes. — C'était la mode, chez quelques sans-culottes, d'épouser des filles de famille noble ; on ne sait pas pourquoi. Le plus fétide d'entre tous, le capucin Chabot, ne se maria-t-il pas, en plein 93, avec une Autrichienne riche de 700,000 livres ? Déclamez donc contre les titres et contre l'argent !

Toutes les réhabilitations ont été tentées, — même celle de Fouquier-Tinville. Empressons-nous toutefois de déclarer que ce n'est pas parmi ses contemporains qu'il s'est trouvé un écrivain pour une pareille tâche. Quelques-uns ont pu lui accorder l'habileté, la connaissance profonde des affaires, le courage même, — mais aucun, aucun entendez-vous, ne lui a accordé le cœur d'un homme. Ses complices se reculaient souvent d'auprès de lui et le regardaient avec une admiration effrayée. Le *dépopulateur !* ainsi l'appelait-on au Comité de salut public ; et Collot-d'Herbois, — Collot-d'Herbois que le sang ne devait pas épouvanter, cependant ! — l'a flétri par une monstrueuse et éloquente parole, en disant de lui : IL A DÉMORALISÉ LE SUPPLICE !

Le masque de Fouquier-Tinville est suffisamment connu par les gravures qui en ont été faites, et mieux encore par le portrait *écrit* de Mercier, dans le *Nouveau Paris* de l'an VI. Lorsqu'il fut nommé directeur du jury d'accusation, Fouquier était âgé de quarante-cinq ans à peu près. Il avait la tête ronde, les cheveux très-noirs et unis, le front étroit, le visage plein et grêlé, quelque chose de dur et d'effronté dans l'expression. Son regard, quand il le rendait fixe, faisait baisser tous les yeux; au moment de parler, il plissait le front et fronçait les sourcils, — qu'il avait néanmoins plus ouverts que ne le veulent les mélodrames ; — sa voix était haute, impérieuse. Simplement retors et bourru au commencement de ses terribles fonctions, il devint dans la suite expéditif et insolent. L'odeur du sang le grisa, comme grise l'odeur de la poudre. Mais son ivresse était farouche, sans pitié ; il avait l'air de poursuivre une vengeance personnelle. Ainsi devait être Tristan, le sinistre *compère* de Louis XI.

Fouquier-Tinville était grand et robuste.

J'ai vu souvent son écriture ; — elle est ferme, assurée, lisible, droite, ni trop grasse ni trop maigre, — une écriture de procureur.

Appartenant, ainsi que Coffinhal, à une famille nombreuse, il prit le nom de Tinville, pour se distinguer aussi, lui, de ses frères, dont l'un était fermier et l'autre avocat. Il était né à Hérouel, près de Saint-Quentin. Un des parents de Fouquier-Tinville, M. Fouquier-d'Hérouël, a fait partie dans ces derniers temps de l'Assemblée législative. — Ajoutons, pour en terminer avec ces renseignements de famille, que l'accusateur public était un peu parent de Camille Desmoulins.

VIII.

DISPOSITIONS.

A peine installé, le Tribunal se trouva arrêté par quelques difficultés de détail. Il nomma une députation chargée d'aller solliciter auprès de l'Assemblée la suppression d'une partie de ces formes « qui ne tendent qu'à entraver la procédure sans la rendre plus lumineuse. » — Le 19 au matin, cette députation ayant été admise à la barre, sa demande fut immédiatement renvoyée à la commission extraordinaire et convertie en décret.

Dès lors, la justice put avoir son cours.

Dans cet intervalle, le jury d'accusation avait commencé son œuvre. On avait bien songé, en premier lieu, à instruire le procès du prince de Poix; mais toutes les pièces nécessaires n'étant pas recueillies, on se rejeta sur un plus mince particulier, sur Collenot d'Angremont. Après avoir reçu les dépositions écrites des témoins et rédigé l'acte d'accusation, Fouquier-Tinville fit rassembler les huit citoyens formant le tableau du jury d'accusation, et en présence du commissaire national, il s'exprima dans les termes usités :

— Citoyens, vous jurez et promettez d'examiner avec attention les pièces et les témoins qui vous seront présentés et d'en garder le secret. Deux motifs principaux rendent ici le secret nécessaire : nous ne sommes point encore arrivés à cette partie publique de la procédure qui doit faire juger si l'accusé est coupable ou non ; il ne s'agit, quant à présent, que de découvrir s'il y a lieu ou non à l'accusation. Le secret est donc nécessaire pour ne point avertir les complices de prendre la fuite, et pour que les parents et amis de l'accusé ne soient point informés des noms des témoins, qu'ils auraient intérêt à écarter ou à séduire avant qu'ils ne déposent par-devant le jury de jugement. Vous vous expliquerez avec loyauté sur l'acte d'accusation qui va vous être remis ; vous ne suivrez ni les mouvements de la haine et de la méchanceté, ni ceux de la crainte et de l'affection.

— Je le jure ! répondit chaque juré.

Ces déclarations faites, les témoins furent introduits et déposèrent de nouveau, mais cette fois verbalement ; puis les jurés, ayant en mains toutes les pièces, se retirèrent dans une chambre particulière, pour examiner l'acte d'accusation.

Après une assez longue délibération, ils conclurent, à la majorité des voix, qu'il y avait lieu à accusation contre Collenot d'Angremont.

Ces formalités, — qui constituent la tâche du jury d'accusation, — se répétèrent pour tous les procès instruits par le Tribunal du 17 août. Nous avons cru devoir les indiquer rapidement ; nous n'y reviendrons plus.

Mais avant de faire pénétrer le lecteur dans la salle de jugement, il convient de rétablir la liste du *Moniteur,* afin qu'elle ne fasse plus autorité dans l'histoire. Pendant les trois jours écoulés depuis l'installation du Tribunal jusqu'à sa première séance, c'est-à-dire depuis le 18 août jusqu'au 21, il y avait eu des démissions, des mutations, des nominations nouvelles. Tel membre du jury d'accusation était devenu juge ; tel autre avait été institué commissaire national. C'était une physionomie toute différente.

Enfin, au 20 août, le Tribunal était organisé de la manière suivante :

PRÉSIDENT DE LA PREMIÈRE SECTION. — Charles-Nicolas Osselin.

PRÉSIDENT DE LA SECONDE SECTION. — Jean-Charles-Thiébaut Laveaux.

JUGES. — Mathieu, Pepin-Dégrouhette, Vilain-d'Aubigni, Coffinhal-Dubail, Desvieux, Maire.

COMMISSAIRE NATIONAL DE LA PREMIÈRE SECTION. — Bottot.

COMMISSAIRE NATIONAL DE LA SECONDE SECTION. — Legagneur.

ACCUSATEUR PUBLIC DE LA PREMIÈRE SECTION. — Lullier.

ACCUSATEUR PUBLIC DE LA SECONDE SECTION. — Réal.

MEMBRES DU JURY D'ACCUSATION. — Fouquier-Tinville, Leroi, Loyseau, Caillère de l'Etang, Perdrix, Dobsen, Crevel, Lebois.

GREFFIERS. — Bruslé, Hardy, Méchin, Georges.

COMMIS GREFFIERS. — Vivier, Montessuit, Masson, Binet, Bocquené, Laisné, Laplace, Neirot.

HUISSIERS. — Trippier, Nicol, Doré, Heurtin, Tavernier l'aîné, Tavernier le jeune, Nappier, Bissonnet.

CHAPITRE III.

ÉPISODES DE LA VIE PRIVÉE D'ALORS.

I.

LES ROSES DE FRAGONARD. — LA FILLE DE CAZOTTE.

En ce temps-là il y avait, dans un des appartements les plus tristes de Paris, — rue Gît-le-Cœur, s'il m'en souvient, — un bonhomme de soixante ans qui s'appelait Nicolas Fragonard et qui avait été jadis un peintre à la mode, comme Boucher son maître. Il avait vu poser devant lui, et dans le jour qui lui séyait le mieux, c'est-à-dire aux bougies, toute la France galante, depuis la France de l'Opéra jusqu'à la France de Trianon, les deux confins de la galanterie suprême. Il avait été peintre de sourires exclusivement, — peintre de S. M. la Grâce, *plus belle encore que la beauté,* selon le dire du poëte ; et il avait fait courir tout le long, le long, le long des boudoirs ces guirlandes de petits amours vêtus à la mode de l'Olympe, qui gèlent et s'écaillent aujourd'hui dans les vitrines du quai Voltaire. Il est vrai qu'alors Nicolas Fragonard était jeune et joyeux ; c'était surtout un garçon de bonne mine, portant le taffetas rose comme les Léandre de la Comédie-Italienne, plus galant que le dernier numéro des *Veillées d'Apollon,* baisant le bout des doigts à la façon des abbés poupins et pirouettant comme un militaire de paravent.

Pendant trente ans et plus, Fragonard vécut de cette vie brillante et douce que le règne de Louis XV faisait à tous les artistes mondains. Il fut un grand peintre aussi lui, dans le sens que le dix-huitième siècle attachait à ce mot, grand peintre à la manière de Baudouin, de Lancret, de Watteau, enchanteurs de ruelles, qui ne regardaient ni aux rubans ni aux fleurs lorsqu'il s'agissait de costumer la Vérité, — pléiade ravissante, que l'on pourrait appeler les *mignons de l'Art.* Que n'a-t-il pas dépensé de charme et d'esprit dans ce chemin de la faveur qu'il parcourut d'un pied si léger ! Combien de chefs-d'œuvre naquirant sous ce pinceau, fait sans doute de quelques brins arrachés aux ailes de Cupidon ! Tous les amateurs connaissent le *Chiffre d'amour*, le *Sacrifice de la rose*, la *Fontaine*, sujets tendres, qui font à peine rêver, qui font toujours sourire. Fragonard inventait cela, j'imagine, dans les soupers galants où on le conviait ; et les allégories lui étaient fournies par ces Claudines d'hier, métamorphosées en Eliantes du jour par un coup de la baguette dorée de quelques fermiers-généraux.

Fragonard vit de la sorte arriver chez lui la gloire et la richesse, ces deux courtisanes qui s'éprennent si rarement du même homme. Il vécut avec elles en bonne intelligence jusqu'au jour néfaste où la Révolution vint faire la part mauvaise à tous ceux qui vivaient de poésie peinte ou écrite, sculptée ou chantée. La Révolution les fit remonter, ceux-là, dans les mansardes d'où ils étaient descendus, en leur disant : — On n'a que faire de vous maintenant ; voici venir le temps des choses politiques ; restez là. Imprudent comme tous les beaux-fils prodigues, le peintre n'écouta pas la Révolution. Il crut que les Nymphes et les Jeux étaient éternels en France, à Paris, sous ce ciel d'un blanc de poudre en été, dans ces hôtels gardés par de si beaux suisses à galons, dans ces cercles où le tournebroche de l'esprit était incessamment monté, dans ces bosquets toujours remplis d'amants, dans ces théâtres toujours remplis d'oisifs. Il crut à l'immortalité du luxe et de l'art, son compère. Que dire enfin? Il crut aussi un peu à lui-même et à son talent; c'était une faiblesse bien pardonnable chez un homme qui avait été aussi longtemps à la mode que Fragonard. Il continua donc à jeter de tous les côtés ces petits tableaux coquets, ces dessins lavés au bistre, ces scènes d'enchanteresse perdition où l'amour joue le principal rôle; — amour qui badine et par qui on se laisse badiner, flamme d'un quart d'heure qui s'éteindra au bout de cette svelte allée de peupliers, soupirs qui voltigent sur les lèvres à la façon des papillons, jeux de l'esprit et du cœur. O Fragonard! cette fois on passa auprès de vos petits chefs-d'œuvre, non-seulement sans les voir, mais même sans vouloir les voir.

Il s'obstina pourtant. Lorsque le peuple tirait le canon contre les invalides de la Bastille, Fragonard encadrait un *aveu* dans un boudoir lilas, le dernier boudoir de ce temps. Lorsque le peuple massacrait les gardes-du-corps de Versailles, aux journées des 5 et 6 octobre, Fragonard chiffonnait la houppelande azurée d'un Tircis, dansant sur l'herbe au son d'un fluet tambourin. Lutte courageuse, mais désespérée! car nul ne pensait plus à Fragonard. Son monde de marquises et de petits-maîtres, à présent tremblant et retiré, n'avait plus le cœur aux fantaisies galantes de son pinceau. Les danseuses? Elles étaient passées des bras de la noblesse aux bras du tiers-état, qui n'entendait que bien peu de chose aux élégances. Fragonard avait donc l'air de revenir du déluge avec ses tableaux d'un autre âge ; peu s'en fallut même qu'on ne le traitât de contre-révolutionnaire.

Il se résigna, à la fin ; et quand il se vit bien et dûment oublié, il laissa de côté sa palette, comme font toutes les renommés chagrines qui ne peuvent travailler qu'aux lueurs du triomphe. Là-dessus, la Révolution, — qui n'a rien fait à demi, — lui prit sa fortune, comme elle lui avait pris sa gloire ! Au lieu de résister et de se faire emprisonner pour la peine, il se retira, désolé et bourru, au milieu de quelques-uns de ses tableaux, dont il se créa une compagnie, la seule qu'il pût supporter. Ce fut ainsi que l'année 1792 surprit le vieux Fragonard dans une maison refrognée de la rue Gît-le-Cœur, où il se laissait aller solitairement à la mort et à l'oubli.

— S'ils savaient seulement s'habiller ! disait-il quelquefois, les jours qu'il se hasardait à mettre les yeux à sa fenêtre; mais ils ont perdu le grand secret de l'ajustement. Plus de soie, plus de brocart. Ils ont des chapeaux américains, des lévites de drap sombre, des souliers sans rouge au talon. A peine si quelques-uns se font poudrer encore. Les autres vont les cheveux plats et sales. Et le peuple? Ah! le peuple ! qui me rendra mes petites grisettes montées sur des mules hautes de six pouces, et le corsage fleuri comme une corbeille ? Qu'elles étaient jolies, et comme cela valait la peine alors d'être peintre!

Fragonard se lamentait de la sorte ou à peu près, lorsque le 16 août, au matin, comme il contemplait avec tristesse une très-jolie gravure faite d'après son tableau du *Serment d'amour*, il entendit frapper à sa porte d'un doigt timide. Il y avait bien longtemps que l'on n'avait frappé ainsi à la porte de Fragonard. Le vieux peintre sentit aux battements de son cœur que tout n'était pas complètement mort en lui. Il alla ouvrir et vit entrer une jeune personne de seize à dix-sept ans environ; une ample jupe en mousseline blanche, un mantelet noir attaché par un nœud de rubans bleus, un autre nœud semblable dans ses cheveux, composaient toute sa parure. Elle était suivie d'une négresse coiffée d'un madras. — Monsieur Fragonard? demanda la jeune fille, qui parut un peu surprise de l'aspect mélancolique de cette chambre. — C'est moi, répondit-il, ébloui de cette apparition charmante; ou plutôt c'était moi... Que voulez-vous à Fragonard, mon enfant, et qui êtes-vous pour vous être souvenue de ce nom, au temps où nous sommes?

La jeune fille détacha le mantelet qui couvrait ses épaules. Ainsi dégagée, sa taille parut dans toute son idéale perfection. Son teint jetait de la lumière, et sa figure, d'un bel ovale, avait une expression ardente et douce à la fois.—Je suis la fille de Cazotte, dit-elle, et je désire que vous fassiez mon porrtait.

Fragonard se ressouvint. Dans les spirituelles compagnies d'autrefois, il lui était arrivé souvent de rencontrer le fantasque auteur du *Diable amoureux*, cet enjoué Cazotte, dont le mérite n'est pas apprécié suffisamment. Il avait causé plusieurs fois avec lui, sur le coin de la cheminée, à l'heure où le poétique rêveur se plaisait à écarter de la meilleure foi du monde un pan du voile de l'avenir. Cela avait suffi pour établir entre eux une liaison, frivole sans doute, mais toutefois durable dans sa frivolité. Fragonard ne pensait jamais à Cazotte sans ressentir un petit frisson ; cela venait de quelques prédictions singulières que l'illuminé des salons avait faites au peintre des boudoirs — tout en le regardant de ce grand œil, bleu et ouvert, qui était bien l'œil d'un illuminé, en effet.

Mais Fragonard ne connaissait pas la fille de Cazotte. En la voyant entrer dans sa pauvre cellule, il avait été tenté de la prendre tout d'abord pour le spectre adoré de Mme de Pompadour à quinze ans. Il la fit asseoir, et lui dit d'un accent ému :

— Soyez bien venue, vous, la fête de mes pauvres yeux ; soyez bien venue, vous qui me rapportez l'éclat et la suavité d'un temps que je pleure tous les jours avec égoïsme. Ah ! mademoiselle Cazotte, je ne vous attendais pas ! Je croyais toute espérance ensevelie pour moi. Savez-vous que voilà deux années que je vis dans cette solitude de la rue Gît-le-

Cœur, la rue bien nommée ! Soyez bénie, vous qui me revenez avec mes rubans bleus sur votre tête, avec mes roses sur vos joues, avec mes paillettes dans votre regard, avec tout mon bonheur et toute ma renommée ! Vous êtes la muse de Fragonard autant que la fille de Cazotte !

Il pleurait de joie en disant cela ; et, comme elle lui rappela qu'elle était venue pour son portrait : — Votre portrait ? ajouta-t-il, mais ne l'ai-je pas déjà fait cent fois ! Ne le voilà-t-il pas là et là, puis encore là (il montrait ses toiles accrochées au mur) : ici Colinette et plus loin Cydalise ; ici Hébé et à côté Léda ? N'êtes-vous pas l'idéal que j'ai toujours poursuivi et quelquefois atteint ? Pourquoi voulez-vous que je fasse votre portrait ? le voilà tout fait, emportez-le, jamais je n'ai fait mieux.

Et Fragonard, monté sur une chaise, atteignait un merveilleux petit tableau où une jeune fille était représentée attachant un billet doux au cou d'un *chien fidèle*.

Mlle Cazotte, souriant de son délire, essaya de lui faire comprendre qu'elle désirait être peinte dans une attitude plus conforme à ses projets, car c'était à son père qu'elle destinait ce portrait, à son père de qui les événements politiques pouvaient un jour la séparer. Fragonard comprit enfin. Mais alors son front s'assombrit et il secoua douloureusement la tête.

— Hélas ! je ne sais plus peindre, murmura-t-il ;

c'est une mauvaise vie pour un homme d'inspiration gracieuse et légère que cette vie de guerre civile, allez ! Toujours la fusillade qui vient ébranler les vitres de vos fenêtres ! toujours les fureurs de la multitude ! Encore ces jours-ci, n'ai-je pas eu la tête brisée par l'écho des mitraillades de la place du Carrousel ? Il y a bien longtemps, ma chère demoiselle, que j'ai oublié mon métier ; avec l'âge et avec la révolution, ma main est devenue tremblante comme mon cœur. Je ne suis plus un peintre.

— Monsieur Fragonard... dit la jeune fille, en insistant avec un sourire.

— Vous le voulez donc bien ?

— C'est pour mon père.

— Eh bien ! répondit-il avec effort, revenez demain ; nous essaierons.

Le lendemain, la fille de Cazotte revint dans l'atelier de Fragonard. Il avait acheté une toile de petite dimension sur laquelle il commença à tracer ses premières lignes. Mais tout en jetant les yeux sur son adorable modèle, il s'aperçut que peu à peu ce visage, d'une expression si brillante, s'obscurcissait sous l'empire d'une inquiétude secrète, que ce front limpide s'altérait graduellement, que ce regard radieux se couvrait d'un voile humide. Fragonard, surpris, lui demanda avec une sollicitude que son âge autorisait, d'où venait cette préoccupation chagrine. Mlle Cazotte lui apprit que son père était compromis dans les événements du 10 août et que sa correspondance tout entière avait été découverte dans les papiers du secrétaire de l'intendant de la liste-civile. Heureusement que Cazotte était en ce moment éloigné de Paris : il habitait auprès d'Epernay un petit village dont il était le maire; peut-être y demeurerait-il inaperçu et à l'abri des perquisitions.

— Aussitôt mon portrait achevé, dit-elle, ma mère et moi, ainsi que cette bonne négresse qui nous a accompagnées, nous retournerons le rejoindre, car il doit être bien inquiet !

Fragonard l'avait écoutée avec attention, et en frémissant. Il savait que l'orage révolutionnaire franchirait les provinces et il craignait que la justice du peuple ne regardât pas aux cheveux blancs avant de s'abattre sur une tête proscrite. Néanmoins, il se garda bien de communiquer ses craintes à la jeune fille; il essaya, au contraire, de la rassurer. — Mais le portrait n'avança guère ce jour-là.

Il n'avança guère non plus le 18. Mlle Cazotte, instruite du décret qui ordonnait la formation d'un tribunal criminel, accourut épouvantée dans la maison de la rue Gît-le-Cœur. Des pleurs coulaient sur ses joues ; elle essaya de poser cependant. La même désolation opprimait Fragonard.

— Mademoiselle, disait-il, je n'ai jamais peint que la joie et le plaisir; je ne sais pas, je n'ai jamais su peindre les pleurs. De grâce, faites trêve à votre chagrin. Voulez-vous encore des roses autour de vous ? j'en sèmerai autant qu'il vous plaira. Mais, par pitié ! ne me faites pas peindre ces pleurs !

A travers ces souffrances partagées, le portrait s'acheva cependant. Mlle Cazotte était représentée assise sous un berceau de roses. Les roses avaient toujours enivré Fragonard. Lors de la dernière séance, Mlle Cazotte vint chez lui, accompagnée de sa mère, une créole qui avait été parfaitement jolie et qui l'était encore quoiqu'elle eût de grands enfants. Elle avait cette grâce négligée des femmes de la Martinique, et cet accent nonchalant d'enfance et de caresse. Quelque chose d'étranger se remarquait aussi dans ses vêtements ; sa tête était entourée d'une mousseline des Indes, disposée avec un goût infini. La mère et la fille remercièrent avec effusion le vieux peintre, qui ne s'était jamais senti si ému ; et, le soir même, elles reprenaient la route de la Champagne.

— Pourvu qu'elles arrivent à temps ! soupira Fragonard.

Et serrant avec soin ses pinceaux dans la grande armoire, il ajouta d'un ton de voix singulier :

— Elles étaient bien rouges, les roses que j'ai amoncelées autour de cette enfant !

II.

**LA MAISON DE CAZOTTE, A PIERRY.—
CORRESPONDANCE.—ARRESTATIONS.**

Jacques Cazotte était maire de Pierry, petit village de vignobles à une demi-lieue d'Epernay. Il habitait une grande maison, composée d'un rez-de-chaussée et de mansardes, et flanquée de deux ailes qui n'existent plus. On entrait par une vaste cour entourée d'arbres et coupée par de nombreuses plate-bandes toutes couvertes de plantes de la Martinique apportées et multipliées par Mme Cazotte. En haut d'un perron très élevé, un magnifique perroquet blanc se pavanait sur un juchoir. — Tel était l'aspect extérieur de cette maison, devenue aujourd'hui, après plusieurs possesseurs intermédiaires, la propriété de M. Aubryet, père d'un de nos littérateurs les plus spirituels. Les jardins et le parc qui en dépendent, quoique encore très beaux assurément, n'ont plus l'énorme étendue d'autrefois.

La maison de Cazotte donnait et donne toujours sur la rue principale de Pierry.

En attendant le retour de sa femme et de sa fille qu'il avait envoyées à Paris pour s'enquérir de la réalité des périls qu'il courait, Jacques Cazotte, resté seul avec son fils Scévole, — qui, je crois, existe encore et est retiré à Versailles, — passait les jours dans la lecture des livres saints. C'était alors un vieillard de soixante-douze ans, haut de taille, le regard vif et bienveillant, les dents belles. Profondément religieux, il savait, quand il le voulait, redevenir un homme du monde; et son langage, trempé aux plus pures sources de l'esprit français, charmait les gens de qualité et les gens de science qui le fréquentaient d'habitude. Célèbre par ses visions, plus célèbre par ses romans, et entre autres par le *Diable amoureux*, qui est vraiment un chef-d'œuvre, il ralliait autour de lui l'estime, la curiosité, la tendresse, l'admiration, c'est-à-dire tout ce qu'un homme peut envier pour couronner le déclin de ses ans. C'eût été un heureux vieillard, si, en face des désastres de son pays, il eût pu conserver ce rare et précieux sang-froid, ce calme souverain, qui, dans tous les cas, n'est que le partage de l'égoïsme ou de la philosophie,—deux termes synonymes en temps de révolution. Par malheur, ou plutôt par bonheur (c'est comme on veut l'entendre), Cazotte avait une âme impressionnable, généralement imbue de l'amour de la patrie, vibrant à toutes ses gloires et à toutes ses douleurs. Quoique sur le bord de la tombe, il n'avait pu voir s'avancer les faucheurs révolutionnaires sans essayer de les combattre ; et de sa plume colorée, toujours jeune, emportée et brillante, il avait aidé au succès du journal de son ami Pouteau, intitulé : *les Folies du mois, journal à deux liards*. Pouteau était secrétaire de M. Arnaud de Laporte, intendant de la Liste-civile. Il recevait les articles que Cazotte lui envoyait de Pierry.

Cette collaboration, anonyme du reste, comme toutes les collaborations à cette époque, n'aurait pas suffi à compromettre le maire de Pierry, si, après la journée du 10 août, les papiers de la Liste-civile n'eussent été inventoriés, et si la correspondance tout entière de Cazotte ne fût tombée, comme nous l'avons dit plus haut, entre les mains de ses ennemis politiques. Ces lettres, qu'il avait l'habitude de dicter à sa fille Elisabeth, — lettres d'ailleurs excessivement remarquables par la forme et dont quelques-unes ont été publiées dans les journaux d'alors, — contenaient l'expression sans voile de ses sentiments royalistes. « O Paris ! s'écriait-il, Paris ! vaux-tu bien la peine qu'on pleure sur toi ! On voit quelquefois, dans le marais le plus infect, des portions de gaz fixé que le soleil dore des plus brillantes couleurs du prisme. Voilà ton image. » Il appelait les Jacobins les *Jacoquins* et disait : « Nous ne serons malheureusement délivrés de cette vermine que par la vapeur de la poudre à canon. »

Cazotte ignorait cette importante et funeste découverte. Sa fille et sa femme, lorsqu'elles furent de retour à Pierry, tâchèrent de la lui cacher ; mais à leurs embrassements mêlés de larmes, à leurs transes continuelles, surtout à leurs instances pour l'engager à fuir, à s'expatrier, comme faisaient désespérément les derniers serviteurs de la royauté, il devina une partie du danger qui le menaçait.

Mais lui, mû par cette obstination douce des vieillards, il résista à toutes les prières, disant que s'il devait mourir, il voulait mourir en France, à son poste comme un soldat, à son autel comme un prêtre.

Un jour cependant que son fils Scévole s'était joint à sa fille et à sa femme pour le supplier de se rendre à leurs vœux, il parut un instant ébranlé. Ses yeux se promenèrent avec attendrissement sur ces trois fronts baignés de larmes ; ses bras entourèrent ces trois têtes levées vers lui ; son cœur se prit à battre comme à l'heure des grandes décisions. Il allait céder peut-être, lorsque, tout à coup, s'arrachant à leurs embrassements, il ouvrit le livre des Machabées, et, comme saisi d'une inspiration sainte, il lut d'une voix assurée et haute ce passage où le vieil Eléazar repousse les propositions de ceux de ses amis qui veulent le soustraire à la mort : — « Mais lui, considérant ce que demandaient de lui un âge et une vieillesse si vénérables, et ces cheveux blancs qui accompagnaient la grandeur de cœur qui lui était si naturelle, et la vie innocente et sans tache qu'il avait menée depuis sa jeunesse, il répondit : En mourant avec courage, je paraîtrai plus digne de la vieillesse où je suis, et je laisserai aux jeunes gens un exemple de courage et de patience, au lieu de chercher à conserver un petit nombre de jours qui ne valent plus la peine d'être préservés. » — La famille de Cazotte baissa la tête, car il lui semblait être en présence du vieil Eléazar lui-même ; et à partir de ce jour, il ne fut plus question de fuite entre ces quatre croyants, qui tiraient leur règle de conduite des exemples de l'Ecriture.

Mais la vie n'était pas heureuse à Pierry. Si petit que fût ce village, si peu d'importance que lui accordassent les dictionnaires géographiques, il renfermait néanmoins assez de mécontents et d'exaltés pour fournir un contingent à la révolte populaire. Cazotte était bienfaisant, mais il était riche ou du moins aisé ; il était honnête homme, mais il aimait le roi et il allait à la messe ; ces torts prévalurent aux yeux de ses administrés, on ne considéra ni son âge ni les services qu'il avait rendus dans ce coin de terre, on ne considéra que l'INTÉRÊT GÉNÉRAL, un des cinq ou six grands mots élastiques avec lesquels se justifient toutes les ingratitudes et tous les forfaits. Dénoncé à Paris, dénoncé à Pierry, Cazotte ne pouvait éviter son sort. Il attendait le malheur, le malheur ne se fit pas attendre.

Un agent de la Commune, gros homme dont le nom est resté inconnu, fut envoyé à Pierry. Il arriva le matin, suivi de quelques gendarmes et d'un commissaire d'Epernay. Il trouva une maison calme, en fleurs; le perroquet était sur son bâton; la négresse travaillait auprès d'une fenêtre ; — un petit chien bichon était couché auprès d'elle. L'agent pénétra jusque dans le salon où étaient réunis Jacques Cazotte, sa femme, son fils et sa fille.

— Reconnaissez-vous ces lettres? demanda-t-il au vieillard.

— Oui, monsieur, répondit celui-ci.

Et apercevant le commissaire d'Epernay, qui cherchait à dissimuler sa présence derrière les gendarmes, il le salua d'un sourire.

— C'est bien; vous allez nous suivre, voici le mandat d'arrêt.

— Monsieur ! s'écria Elisabeth, c'était moi qui écrivais pour mon père !

— Eh bien ! repartit l'agent étonné, je vous arrête avec lui.

C'était là tout ce que demandait la noble fille. La mère sollicita la même faveur, elle lui fut refusée ; l'agent de la Commune n'était pas venu pour faire tant d'heureux !

On parcourut la maison, on saisit tous les papiers. La cour était encombrée de gens du village qui venaient avec une curiosité bête chez les uns, cruelle chez les autres, assister à l'arrestation de leur maire.

Après que les scellés eurent été mis partout, Cazotte, qui avait réuni Elisabeth, Scévole et sa femme dans une suprême et douloureuse étreinte, ordonna à Jacques, son cocher, d'atteler tout de suite les chevaux à la voiture. On partit de Pierry à midi environ, et l'on arriva le lendemain à Paris par la barrière Saint-Martin. Conduits immédiatement à l'Hôtel-de-Ville, où se tenaient les séances permanentes du comité de surveillance, le père et la fille, après avoir subi un interrogatoire préalable, furent envoyés à la prison de l'Abbaye-Saint-Germain, pour y attendre que leur procès fût instruit.

Ce n'était pas seulement à Pierry, dans la Champagne, que s'exerçaient ces arrestations ; c'était sur tous les points de la France. Nous avons voulu, par cette scène détachée du livre de la vie intime, montrer comment cela se passait ordinairement. Le comité de surveillance s'était hâté d'envelopper Paris et la province dans un vaste réseau de proscription. C'est ainsi que Beaumarchais avait été arraché à ses filles, l'abbé Sicard à ses élèves ; c'est ainsi que des émissaires nombreux parcouraient les campagnes et *recrutaient* pour le compte du nouveau Tribunal.

CHAPITRE IV.

1.

PREMIÈRE AUDIENCE. — PREMIÈRE CONDAMNATION A MORT. — PREMIÈRE EXÉCUTION.

L'affaire Collenot fut portée le 20 août au jury de jugement. L'assemblée était nombreuse et impatiente. Osselin présidait; de ses cheveux arrangés avec art, de son linge aristocratique, de toute sa personne enfin s'exhalaient des parfums que les sans-culottes ne sentaient pas d'un bon nez.

L'entrée de Collenot d'Angremont fut signalée par les murmures de l'auditoire. On s'attendait à ce qu'il serait condamné, quoiqu'on ne sût pas bien au juste quel était son crime ; on voulait sa mort quoiqu'on ignorât ce qu'il avait fait pour la mériter. Mais il fallait au peuple une victime, n'importe laquelle, — et il aurait fait beau voir que d'Angremont n'eût pas été coupable !

En résumé, voici ce dont on l'accusait : il avait obéi aux ordres et aux instructions du ministre Terrier-Monciel, en levant une sorte d'escouade de police, destinée à surveiller les réunions politiques et à prévenir les mouvements révolutionnaires. Cette bande d'espions avait des marques distinctives : tous portaient une cocarde à flocons de rubans pâles, qu'ils avaient une manière convenue de placer sur leur chapeau ou à leur bras; ils étaient armés d'un bâton de forme particulière, appelé entre eux *constitution*.

L'imbécile rédacteur des *Révolutions de Paris*, Prudhomme, dans ce style emphatique et atroce qu'on lui connaît, s'exprime de la manière suivante sur d'Angremont et sur ses affidés : « Collenot, dit d'Angremont, était petit-fils d'un geôlier de Dijon ; il devint l'ami, le confident de Médicis (Médicis, c'est le surnom que Prudhomme a inventé pour Marie-Antoinette); son ministère consistait à enrôler des

scélérats exercés au métier de *brigands,* D'ASSASSINS, D'INCENDIAIRES. On en a trouvé une liste énorme dans ses papiers; ce fait a été constaté par le jury d'accusation : cette bande de sicaires était distribuée en brigades, et disséminée dans tous les quartiers de la capitale. Le jour, leur consigne était d'assister, soit aux séances de l'Assemblée nationale, soit à celles des Jacobins, soit à ces séances populaires qui se trouvaient au milieu des places publiques, et qu'on qualifiait du nom de groupes. Ils y prêchaient le royalisme et l'*idolâtrie,* ils y déclamaient contre les patriotes; et lorsque quelqu'un émettait librement son opinion, l'ordre était de lui susciter une querelle, d'appeler la force publique, de le faire conduire au corps-de-garde, d'où il était transféré au bureau central des juges de paix : là, les soldats de d'Angremont se faisaient reconnaître à certains signaux ; le juge-de-paix les relâchait et le patriote *était précipité dans les cachots...*
— La nuit, ces mêmes scélérats avaient la permission *de voler et d'assassiner* en détail ; la plupart des vols et des meurtres qui ont été commis pendant l'hiver ne proviennent que d'eux; et s'ils n'ont pas été punis, c'est que les juges de paix étaient payés pour les soustraire à la loi. »

Ces exagérations, bien qu'elles portent en elles-mêmes leur ridicule, furent cependant produites au Tribunal ; — mais de ces vols, de ces meurtres, on ne fournit aucune preuve.

D'Angremont ne chercha pas d'ailleurs à atténuer ce que sa situation avait de fâcheux et de contre-révolutionnaire. Il convint qu'il était un excellent et fidèle royaliste, et qu'il avait de bons motifs de l'être, ayant toujours reçu des bienfaits de la cour. Il avait été maître de langues de Marie-Antoinette lorsqu'elle n'était que dauphine (1). Plus tard, il fut employé dans les bureaux de l'Hôtel-de-Ville par Joly, ex-ministre de la justice, alors administrateur ; et ce fut sur ces entrefaites que Terrier-Monciel le chargea d'organiser l'escouade en question.

J'avoue que je cherche en vain là-dedans matière à culpabilité. Si toutefois la reconnaissance et le dévouement sont des crimes, certes, Collenot d'Angremont était criminel, bien criminel !

Les papiers trouvés chez lui prouvèrent qu'il se faisait rendre compte tous les soirs, par ses agents, des événements de la journée, et qu'il en rédigeait ensuite trois notes : une pour Louis XVI, une pour Terrier-Monciel et la dernière pour M. de Lieutaud, lieutenant de la garde du roi. Collenot d'Angremont était, sinon le chef, du moins l'instituteur et le payeur de cette bande, divisée en dix brigades ; — les brigadiers recevaient 10 livres par jour ; les sous-brigadiers, 5 livres ; chaque homme, 2 livres 10 sols.

Un grand nombre de témoins furent entendus :

---

(1) Il avait aussi composé une *Grammaire française*, dont l'Assemblée constituante avait agréé l'hommage.

ils déposèrent de faits insignifiants. En somme, c'était une affaire de police particulière, à laquelle on donnait l'importance d'un complot.

La mauvaise foi de Prudhomme est insigne dans son exposé que nous avons transcrit. Il attribue à la bande de d'Angremont « la plupart des vols et des assassinats qui ont eu lieu pendant l'hiver. » Or, la bande de d'Angremont n'existait pas pendant l'hiver, non plus que pendant le printemps ; elle comptait à peine UNE SEMAINE D'EXISTENCE au 10 août. Voici les termes précis de l'acte d'accusation : « Louis-David Collenot, dit d'Angremont, ci-devant secrétaire de l'administration de la garde nationale, à la maison commune, convaincu d'embauchage et d'avoir fait une levée d'hommes soldés et formés par brigades, *depuis le premier août jusqu'au huit*, sans ordre d'aucune autorité constituée ; et d'avoir eu l'intention de former un complot tendant à troubler l'Etat dans une guerre civile, en armant les citoyens les uns contre les autres. »

Il est difficile, on en conviendra, de croire à une grande quantité de vols et de meurtres de la part de ces brigades, surtout dans le court espace *du premier au huit août.*

Mais le Tribunal avait son siége fait.

La liste des témoins étant épuisée, le défenseur officieux de Collenot d'Angremont eut la parole. Ce défenseur (M. Julienne), dont le journal de Gorsas lui-même constata les efforts et « les grands talents, » se retrancha judicieusement dans l'incompétence du Tribunal pour juger le délit de son client, lequel, ayant été arrêté le 8 août, ne devait pas et ne pouvait pas, dit-il, être jugé par un jury désigné pour se prononcer sur les attentats du 10. On ne l'écouta pas.

Après une séance de trente-deux heures, sans désemparer, le jury déclara que Collenot d'Angremont était coupable de conspiration contre l'Etat. Le commissaire appliqua la loi, et le Tribunal prononça la peine de mort, conformément aux art. 2 et 3 de la sect. 2 du tit. 1er de la seconde partie du Code pénal.

— Victime de la loi, dit Osselin, après le prononcé du jugement, que ne peux-tu scruter les cœurs de tes juges, tu les trouverais pénétrés. Marche à la mort avec courage; un sincère repentir est tout ce que la nation réclame.

D'Angremont ne fit qu'un pas du tribunal à l'échafaud. Pendant le trajet, le peuple le força d'oter la redingote nationale dont il était revêtu. L'exécution eut lieu le soir de l'arrêt, le 21 août à dix heures, aux flambeaux, sur la place du Carrousel, récemment baptisée place de la Réunion. Ce spectacle fut sinistre et menaçant. La foule était immense, mais muette. C'était la première fois qu'elle voyait appliquer la guillotine aux châtiments politiques; à partir de cette nuit-là, le couperet allait avoir une opinion. Le règne du bourreau était inauguré.

Afin de ne pas égarer notre reconnaissance, empressons-nous de dire que c'est à Manuel que nous devons une partie de ces dispositions sanguinaires. Après avoir installé le Tribunal criminel, il s'était empressé, le jour même, d'aller installer la guillotine en face des Tuileries.

Pendant trois jours, le peuple avait pu voir l'effrayante machine, debout, et attendant une victime. Lorsque la tête du pauvre Collenot d'Angremont fut tombée, le bourreau, — Charles-Henri Sanson, un homme de cinquante ans, grand, avec une physionomie souriante, — fit mine de vouloir démolir et remporter son échafaud. Mais ce n'était pas le compte de la Commune de Paris. Manuel, qui avait assisté à l'exécution, congédia le bourreau d'un signe; la guillotine fut déclarée *en permanence*, comme l'Assemblée nationale.

Manuel trouvait sans doute qu'elle remplaçait avec avantage, — en tant que monument, — les statues dont il avait, quelques jours auparavant, ordonné la destruction.

Cet acte avait, par malheur, une autre signification, plus atroce, plus calculée. La guillotine en permanence, cela voulait dire aux membres du Tribunal : — On compte sur vous !

Ce Collenot est sans doute le même dont il est parlé dans le tome XXIII des *Mémoires secrets* : « 27 juin 1783. Tout devient ressource et moyen de fortune entre les mains d'un intrigant. C'est ainsi qu'un aventurier, nommé Collenot, fils d'un bourreau, après avoir été recruteur, s'est transformé en homme de lettres, en instituteur de la jeunesse, et, profitant de l'engouement général pour les *Musées*, a tenté d'en établir un ; puis, ne pouvant réussir, a voulu s'associer à celui de Paris, dans l'espoir de s'y pousser au premier rang par ses cabales, et de faire plus facilement des dupes. Il a d'abord été soutenu dans ce projet par l'abbé Cordier de Saint-Firmin ; mais cet honnête agent ayant reconnu l'indignité du candidat, bien loin de travailler à son admission, s'est efforcé de lui ôter toute envie de réussir en le démasquant aux yeux de ses confrères. Le sieur Collenot, furieux, a soutenu que c'était une diffamation, et a traduit en justice et au criminel l'abbé Cordier de Saint-Firmin, etc., etc. » (Voir pages 31, 32, 33.)

II.

**ARNAUD DE LAPORTE. — UNE FEMME
ASSOMMÉE.**

Il y avait un brave homme dans le royaume, un homme que les pauvres bénissaient et que les Jacobins eux-mêmes étaient forcés d'estimer ; sa vie privée offrait l'exemple de toutes les vertus ; sa vie publique était à l'abri de tout reproche ; il était probe, franc, serviable, digne. C'était M. de Laporte. Il n'avait qu'un tort,— tort irrémissible aux yeux du Tribunal,—il était intendant de la Liste-civile. On trouva que cela était assez pour l'envoyer à la mort.

Le 22, entre neuf et dix heures du matin, il fut amené devant les juges. Interrogé par le président, il déclara se nommer Arnaud de Laporte et demeurer au pavillon de l'Infante, dans le château des Tuileries.

Il entendit ensuite la lecture de l'acte d'accusation, par lequel il était convaincu « d'avoir abusé des sommes immenses qui lui étaient confiées en les employant pour fomenter un germe de guerre civile, et amener par là le retour du despotisme. »

Ces *sommes immenses* se résumèrent, dans l'instruction, à quelques centaines de francs pour frais d'affiches ; à la subvention des *Folies du mois*, journal à deux liards, qui paraissait depuis six mois seulement, et à l'impression de quelques pamphlets royalistes. Pas davantage.

M. de Laporte embarrassa beaucoup le Tribunal par la netteté et la justesse de ses réponses. Son procès dura près de quarante heures. N'était l'échafaud qu'on n'osait faire chômer, on l'eût renvoyé certainement des fins de l'accusation. Il s'attacha surtout à détruire la force des preuves contenues dans différentes lettres surprises chez lui, en faisant observer qu'elles étaient adressées à son secrétaire, et qu'il ne pouvait pas répondre des faits particuliers. « Cependant, les mémoires d'impressions de différents libelles et la reconnaissance de l'imprimeur Valade, pour les sommes qui lui ont été délivrées, ne laissant aucun doute sur l'existence des CRIMES dont M. Laporte est accusé, le jury de jugement déclare qu'il croit à l'existence d'une conjuration. »

Son défenseur officieux, M. Julienne, tenta vainement d'intéresser l'auditoire en faveur d'une existence toute de vertus et de bienfaits. L'auditoire resta inflexible, comme il l'était resté pour Collenot d'Angremont.

M. de Laporte parut très-ému en entendant prononcer l'arrêt qui le condamnait à avoir la tête tranchée. Il avait espéré jusque là dans l'équité de ces hommes. Lorsqu'il fut revenu un peu à lui, il se tourna vers le peuple, et prononça, d'un accent pénétré, les paroles suivantes :

— Citoyens, puisse ma mort ramener le calme dans ma patrie et mettre un terme aux dissensions intestines ! Puisse l'arrêt qui m'ôte la vie être le dernier jugement de ce tribunal !

Un murmure unanime et désapprobateur couvrit cette dernière phrase.

— Monsieur Laporte, dit Osselin, le tribunal pardonne à votre situation ; il respecte le malheur ; mais il croit devoir vous observer que votre jugement est prononcé par des hommes justes, qui auraient voulu vous absoudre.

Des hommes justes, Pepin-Dégrouhette, d'Aubigni et Coffinhal!...

De l'aveu de tous les journaux, M. de Laporte montra ensuite beaucoup de fermeté jusqu'au moment de son supplice, qui eut lieu le 24, dans la soirée. Il eut la douleur de voir *assommer* une femme qui, comblée de ses bienfaits, suivait la charrette en s'écriant : — Voilà le plus honnête homme du monde! Il ne put contenir ses larmes. Ameuté contre lui, le peuple criait, en le menaçant : — Toutes tes créatures périront de même!

Arrivé au pied de la guillotine, où il avait été accompagné par le curé de Saint-Eustache, il recueillit ses forces et monta, sans être soutenu, le fatal escalier. Ses derniers regards se dirigèrent vers les Tuileries.

La nouvelle de cette mort affecta vivement Louis XVI et la Reine, qui s'étaient habitués à considérer Laporte plutôt comme un ami que comme un serviteur. Condorcet eut, dans son journal, quelques paroles de pitié pour cette tête vénérable, et il essaya à cette occasion de tourner les esprits vers la clémence. — Stériles efforts!

III

TROISIÈME EXÉCUTION. — LE JOURNALISTE DE ROZOY.

De Rozoy est le premier homme de lettres que l'on ait condamné à mort pour ses écrits. Il ouvre la marche des nombreux journalistes bâillonnés par un gouvernement soi-disant libre et qui voulait toutes les libertés, — excepté cependant la liberté de la presse, la liberté de la parole, la liberté de l'opinion et quelques autres libertés.

De Rozoy, tour à tour rédacteur de l'*Ami du Roi* et de la *Gazette de Paris*, avait mérité le surnom de *Stentor de la royauté*. La véhémence de son style, l'éclat ardent de sa conviction, la témérité de sa polémique, avaient fait de lui le premier champion de la cour. Les Jacobins le haïssaient et le redoutaient d'autant plus qu'il leur avait dérobé leurs propres armes afin de mieux les combattre, c'est-à-dire leurs formes acerbes, leurs propos violents et leur tactique de déconsidération personnelle. Il attaquait corps à corps ses adversaires, et, après une lutte sanglante, il ne leur laissait pas même un haillon d'honneur ou de probité pour se couvrir. C'était un maître journaliste, d'ailleurs, qui regardait la dignité comme frivole en ce temps de guerre civile, et qui ne voulait pas laisser aux feuilles des sans-culottes le privilége de l'impertinence. Il jugeait que l'heure des civilités de Fontenoy était passée, et que, dans l'étroit défilé où s'était placée la monarchie, le meilleur parti pour elle était de chercher à se frayer un passage, l'épée à la main !

Aussi la *Gazette de Paris*, surtout vers les derniers temps, était-elle devenue d'une lecture très-irritante pour les *patriotes*, qui ne se faisaient pas faute d'imputer au roi lui-même les paroles souvent imprudentes — il faut en convenir — de De Rozoy. La verte façon avec laquelle il traitait le peuple occasionnait des soubresauts au parti révolutionnaire. « Oh ! la vile race, s'écriait-il en parlant de la population parisienne, que celle dont on peut tout faire en la nourrissant de papier, en l'amusant avec une cocarde, en lui donnant des fêtes où l'on crie : *Vivent les brigands !* »

De Rozoy ne traitait guère mieux l'Assemblée ; on en jugera par cette fable d'un très-bel et d'un très-fier accent, où il parle des *scélérats du Manége :*

L'AIGLE ET LES CHARBONS DE FEU.

Un aigle, un jour, du haut des cieux,
Aperçoit sur l'autel du plus puissant des dieux
    Maintes victimes immolées ;
Il s'élance, et de chairs déjà demi-brûlées,
    Pour régaler ses petits jouvenceaux,
L'imprudent en son nid emporte des morceaux.
    Mais, par hasard, une braise enflammée
Tient à l'un des débris, et son feu dévorant
    Brûle le nid et la race emplumée :
Aigle et petits, tout meurt, et tous en expirant
Maudissent, mais trop tard, le larcin sacrilége.

    Tremblez, tremblez, scélérats du Manége !
    Des biens dérobés au clergé
Je vois sortir un feu qui ne pourra s'éteindre ;
    Monstres, le ciel enfin sera vengé :
    Sa foudre est prête à vous atteindre !

Les premiers-Paris de De Rozoy portent fréquemment ce titre : *Honneur français* ; il y règne un souffle chevaleresque très-élevé. On sent que le publiciste tient haut la tête et qu'il est dévoué à sa cause corps et âme. Il est franc jusqu'aux extrêmes limites. Il appelle ouvertement l'étranger au secours de Louis XVI, — comme dans son numéro du 6 juin, où il adresse à ses abonnés l'avis suivant : « Un nouvel ordre de choses va bientôt commencer : des souverains quittent leur capitale pour venir délivrer le monarque, réduit à se voir prisonnier dans la sienne. Vers la fin de ce mois, les nouvelles vont donc être du plus grand intérêt. Je suis autorisé à annoncer que, dès que l'armée des princes sera entrée en campagne, je recevrai très-exactement le bulletin de toutes ses opérations ; quand elles seront d'un intérêt pressant, ce bulletin *sera écrit sur la culasse d'un canon,* plutôt que de faire languir mon impatience, qui n'est que celle de mes lecteurs réfléchie sur moi. »

La *Gazette de Paris,* en effet, *réfléchissait* fidèlement les espérances et les inquiétudes du parti royaliste. C'est pourquoi le numéro du 9 août, — qui fut le dernier, — renfermait l'expression la plus complète du désespoir et du découragement.

Voici comment s'exprimait De Rozoy :

« Au moment où j'écris, toutes les hordes, soit celles qui délibèrent, soit celles qui égorgent, écrivent, discutent, calomnient, aiguisent des poignards, distribuent des cartouches, donnent des consignes, se heurtent, se croisent, augmentent le tarif des délations, des crimes, des libelles et des poisons. J'entends quelques êtres, tourmentés par cette petite curiosité qui s'alimente par des récits, me demander des *nouvelles*. Hommes trop futiles, ne sentez-vous pas que les dangers du roi doivent vous faire oublier toute autre chose !

» Au moment où j'écris, le jacobite et fanatique Condorcet fait le rapport sur la question de la déchéance. Si les factieux osent prononcer la déchéance, ils oseront juger le roi, et s'ils le jugent, il est mort! — Mort ! — Hélas ! qui me répond de mon roi ?... Lâches et insouciants Parisiens, c'était pour vous que le vainqueur de Coutras et d'Ivry disait : Si nous gagnons, vous serez des nôtres. »

Les dernières lignes du dernier numéro de la *Gazette de Paris* étaient celles-ci : « Quels forfaits nouveaux le jour qui va suivre doit-il éclairer? »

Ces forfaits, nous les connaissons ; ce sont ces *mélancoliques événements* dont parle Barère.

Aussitôt le triomphe du peuple assuré, une bande de garnements, conduits par Gorsas et quelques autres journalistes démagogues, se rua vers les bureaux de la *Gazette de Paris*. On brisa les presses, on saccagea la maison. On eût tué le journaliste comme on venait de tuer le journal ; mais de Rozoy s'était réfugié à Auteuil. Gorsas et ses autres confrères, mus par un esprit de concurrence bien plutôt que par un sentiment de patriotisme, durent se contenter d'écraser la plume, n'ayant pu broyer le bras.

Mais de Rozoy ne devait pas leur échapper longtemps. Il fut arrêté peu de jours après à Auteuil, dans la maison de campagne où il s'était réfugié, et on l'envoya grossir le nombre des prisonniers de l'Abbaye-Saint-Germain. — Jourgniac de Saint-Méard, dans son *Agonie de trente-huit heures*, a donné quelques détails sur l'arrivée et le séjour de De Rozoy dans cette prison :

« Le 23 août, dit-il, vers cinq heures du soir, on nous donna pour compagnon d'infortune M. de Rozoy, rédacteur de la *Gazette de Paris*. Aussitôt qu'il m'entendit nommer, il me dit, après les compliments d'usage : — Ah ! monsieur, que je suis heureux de vous trouver !... je vous connais de réputation depuis longtemps... Permettez à un malheureux, dont la dernière heure s'avance, d'épancher son cœur dans le vôtre. — Je l'embrassai. Il me fit ensuite lire une lettre qu'il venait de recevoir et par laquelle une de ses amies lui mandait : « Mon ami, préparez-vous à la mort; vous êtes condamné à l'avance..... Je m'arrache l'âme, mais vous savez ce que je vous ai promis. Adieu. »

« Pendant la lecture de cette lettre, continue Saint-Méard, je vis couler des larmes de ses yeux ; il la baisa plusieurs fois et je lui entendis dire à demi-voix : — Hélas ! elle en souffrira bien plus que moi ! — Il se coucha ensuite sur son lit ; et, dégoûtés de parler des moyens qu'on avait employés pour nous accuser et pour nous arrêter, nous nous endormîmes. Dès la pointe du jour, de Rozoy composa un mémoire pour sa justification, qui, quoiqu'écrit avec énergie et fort de choses, ne produisit cependant aucun effet favorable. »

La *Chronique de Paris* insinue que lorsqu'on vint le chercher pour le conduire au tribunal, de Rozoy manifesta une frayeur qu'il ne put céler, et, que pour ne pas être entendu des gendarmes, il fit en latin cette question aux prisonniers qu'il quittait :
— *Credis ne de morte agere?* (Croyez-vous que cette affaire pourra me mener à la mort?) « La réponse ambiguë qu'il reçut, ajoute la *Chronique*, lui fit percer le nuage de l'avenir. Laporte était mort avec fermeté; il voulut, sinon l'imiter, au moins *singer ses derniers moments*. »

Les principaux chefs d'accusation portés contre lui étaient — qu'il avait tenu un registre sur lequel les personnes qui désiraient, comme lui, le rétablissement de l'ancien régime pouvaient se faire inscrire à toute heure;—qu'il avait provoqué une convocation armée tendant à immoler les patriotes,— et qu'il avait publié la *Gazette de Paris*, journal connu par ses opinions *liberticides*.

Selon Gorsas, les débats furent longs, embarrassés et fastidieux : « Ne pouvant éluder la loi qui lui avait été lue, de Rozoy chercha à y échapper par ses réponses métaphysiques qui firent faire d'étranges voyages au président, qui, par complaisance, paraissait disposé à le suivre d'un pôle à l'autre, si l'un des juges ne l'eût circonscrit dans une sphère plus étroite, et ne l'eût ramené au point des questions en l'interpelant de répondre catégoriquement et sans détours par l'affirmative ou la négative. »

On fit ensuite lecture à de Rozoy de plusieurs lettres à lui adressées et prouvant suffisamment ses relations avec les émigrés et les contre-révolutionnaires; une entr'autres, signée par quelques habitants de Rennes, le félicitait de son rare courage à défendre la bonne cause : « — Continuez, y était-il dit, à tenir une liste exacte des factieux qui bouleversent l'empire ; il n'est pas loin ce jour où le soleil de la justice doit luire sur la France ; tenez aussi registre des opprimés qui marchent toujours, guidés par le panache du bon Henri. »

Interpelé par le président de s'expliquer sur l'existence de ces registres : — Je ne suis point responsable, répondit de Rozoy, des diverses présomptions dont se sont investis à mon égard tels ou tels individus. Etant sur le point de perdre la vie, je n'ai rien à dissimuler; et, si j'avais eu jamais une liste de proscription, je le déclarerais avec franchise, ne voulant pas emporter en mourant la haine de mes concitoyens.

Convaincu toutefois qu'il n'y avait plus d'espoir pour lui, il interrompit la lecture des pièces et demanda à prononcer un discours qu'il avait tracé sur le papier. Sa voix était calme et haute. Il s'adressa tout-à-tour au peuple, au tribunal et aux jurés. Après avoir combattu les principaux chefs d'accusation, il termina ainsi :

— Les uns veulent une monarchie, les autres la constitution anglaise, d'autres la république. Il ne me convient pas, en ce moment que je n'appartiens plus à la terre, de juger les opinions des différents partis. Il me suffira de dire que, connaissant les dangers qui pourraient résulter d'une autre forme de gouvernement, j'ai pris l'olivier à la main afin de prévenir autant que possible l'effusion du sang français... On m'accuse d'avoir provoqué une convocation armée pour venir interposer son autorité conciliatrice. C'est vrai. Mais je l'ai fait dans l'intention d'arrêter le cours de l'anarchie et d'étouffer les haines.

Après une courte et insultante réplique de l'accusateur, le défenseur de De Rozoy fut entendu.

Par une coïncidence singulière, ce défenseur s'appelait Leroi.

Il parla avec beaucoup d'éloquence ; mais à quoi sert l'éloquence contre la conviction ? Le moment terrible approcha. Le jury était aux opinions... De Rozoy, malgré les divers sentiments qui l'agitaient, conserva tout son sang-froid. Il entendit sans émotion l'arrêt qui le condamnait à la peine de mort. Après avoir prononcé cet arrêt, le président lui témoigna ses regrets qu'il n'eût pas employé ses talents pour la cause de la liberté. Le commissaire national lui tint un langage à peu près semblable.

De Rozoy ne répondit rien. Seulement, en se retirant, il salua le Tribunal.

Lorsque le greffier se rendit à la Conciergerie pour lui lire sa sentence, il l'écouta tranquillement. Ensuite, il écrivit deux lettres, l'une au Tribunal où il s'offrait pour l'expérience de la transfusion du sang, et demandait qu'on fît passer le sien dans les veines d'un vieillard. « De cette façon, disait-il, mon trépas pourra être utile au genre humain. » On comprend que cette proposition fut repoussée par les juges. L'autre lettre, adressée à madame ***, celle qui l'avait averti de la condamnation probable, se terminait par ces mots : « — Il eût été beau, pour un royaliste comme moi, de mourir hier, le jour de la Saint-Louis (1) ! »

Il fut conduit au supplice le 26 vers neuf heures du soir. Un journal a prétendu qu'il était à demi-mort lorsqu'il reçut l'accolade de l'acier. C'est une erreur. La vérité est qu'en sortant de prison, il trébucha et se donna un coup si violent à la tête qu'il tomba en faiblesse. On fut obligé de le monter dans la charrette. Mais, pendant le trajet, il reprit ses sens, et, étant arrivé au pied de l'échafaud, il s'y élança avec la plus grande rapidité.

Les gazettes, contre lesquelles il s'était déchaîné

---

(1) Cette dame ne survécut pas au trépas de De Rozoy ; elle mourut de douleur quelques jours après.

pendant sa vie, se déchaînèrent contre lui après sa mort. Mille outrages furent vomis sur son tombeau. On fouilla son passé, sa jeunesse, même son enfance; on l'accusa d'avoir volé une montre, de s'être fait le proxénète de quelque hauts ecclésiastiques, et d'avoir emprunté jusqu'à son nom et son titre. On railla même sa mort et on essaya sans pudeur de diminuer son courage : — « *Courage factice, sans doute*, dit le *Moniteur ;* » — « *fermeté feinte,* » ajoute Gorsas. Tout ce qu'il y avait de rage et de basse rancune contenues dans l'âme des journalistes s'exhala au pied de cet échafaud, pour se mêler aux malédictions stupides d'un peuple égaré.

Déjà trois victimes, mortes au nom de la liberté !

Ah ! qu'il avait bien raison, de Rozoy, de s'écrier quelques jours avant sa mise en accusation : « Quoi ! vous annoncez une liberté qui doit faire le bonheur du monde, et, pour forcer d'y croire, vous êtes réduits à forger des chaînes, à multiplier des cachots pour ceux à qui la conscience, ce premier bienfait de la divinité, dit malgré vous que cette liberté n'est qu'une illusion et peut-être qu'un poison funeste ! Vous m'annoncez *avant tout* la liberté ; et ce que je je vois déjà, moi, *avant tout,* ce sont des milliers de victimes entassées dans des prisons, au nom de ce que vous nommez liberté. Ah ! tigres, n'espérez pas me séduire ! Vous avez changé ma patrie, mais vous ne changerez pas mon cœur ; il est comme la nature : elle saura survivre aux ruines dont vous l'avez couverte, comme survivront dans mon cœur tant d'objets ou sacrés ou chéris, dont votre orgueil ou votre lâcheté ne pouvait pardonner, soit au génie, soit à la bienfaisance, l'ensemble aussi durable que glorieux ! »

De Rozoy était petit et marqué de la petite vérole.

IV.

PREMIER ACQUITTEMENT.

Un juge avait manqué au procès de De Rozoy. Vilain d'Aubigni, qu'une dénonciation récente venait de signaler comme un des dilapidateurs du Garde-Meuble, s'était dérobé par la fuite à la clameur publique. Il fut remplacé par le nommé Jaillant.

Après avoir fait tomber trois têtes, le Tribunal crut avoir acquis le droit de déployer un peu d'humanité. Le premier coquin qui lui fut amené, il l'acquitta.

Ce coquin était le sieur d'Ossonville, qui cumulait les fonctions de limonadier avec celles d'officier de paix de la section de Bonne-Nouvelle. Accusé de complicité avec Collenot d'Angremont, sur les listes duquel son nom se trouvait inscrit en première ligne, et prévenu d'enrôlements contre-révolutionnaires, il comparut le 26. Sa défense fut marquée au sceau de la bassesse et de la duplicité. Il convint qu'effectivement il avait eu communication verbale du plan de d'Angremont, et qu'il l'avait cru d'abord utile au bien public, parce qu'il pensait que ce plan émanait du maire et de la municipalité; mais que, détrompé plus tard, il avait feint, en sa qualité d'officier de paix, d'être tout entier à d'Angremont pour mieux pénétrer ses projets.

— Mon intention, dit-il, n'était point de le servir réellement, mais bien d'obtenir sa confiance par des services apparents, *afin de me rendre son dénonciateur.*

En présence d'un pareil drôle, les juges se trouvèrent à leur aise; ils commençaient à se lasser de ne voir, depuis quelques jours, que des hommes ouverts, distingués et justes. Ils se montrèrent remplis de prévenance pour cet espion de bas étage, ils l'écoutèrent avec bonté, l'approuvèrent en de certains moments, et l'excusèrent dans d'autres. Evidemment il y avait eu méprise dans son arrestation ; sa place n'était pas parmi ceux dont on voulait se débarrasser,—l'erreur était grossière, palpable !

On l'acquitta avec empressement.

Ce fut, à cette occasion, une fête dans l'auditoire et sur les bancs des jurés. Le peuple se livra à d'enthousiastes démonstrations, et si ce n'eût été l'heure avancée, — il était trois heures du matin, — on aurait certainement promené d'Ossonville en triomphe dans les rues de Paris.

La République utilisa plus tard les petits talents de cet honnête citoyen ; il devint agent *secret* du comité de sûreté générale, et se fit remarquer par d'importantes captures ; il arrêta un peu tout le monde, ses protecteurs comme ses ennemis : il mit la main sur le collet d'Henriot, de Villate, de Babeuf, d'Amar, etc., jusqu'au jour où il fut lui-même arrêté et incarcéré dans la prison qui lui convenait le mieux — à la Bourbe.

D'Ossonville s'est toujours montré fier du lustre éclatant répandu sur son *innocence* par le Tribunal criminel. Dans un mémoire justificatif, adressé à *ses concitoyens* et publié dans l'an iv, il évoque avec orgueil ce souvenir : « Comme officier de paix au 10 août, écrit-il, j'ai été traduit devant le tribunal institué à cette époque pour juger les faits relatifs à cette journée; j'ai été acquitté *aux acclamations du peuple*, et certes ce TRIBUNAL EN VALAIT BIEN UN AUTRE ! (1) »

On nous permettra de ne pas être entièrement de l'avis de M. l'agent secret.

Du reste, d'Ossonville n'avait guère de motifs de se vanter de son acquittement. Le premier enthousiasme évaporé, il y eut une sorte de réaction contre lui, ce qui ne surprendra personne. Il avait semé la délation, il ne récolta que le mépris. Deux mois après son procès, quelques honnêtes gens — il y en avait encore — demandèrent son renvoi de la section Bonne-Nouvelle, alléguant qu'il *affectait de se montrer dans son café pour braver les patriotes*. Après une longue et mûre discussion en assemblée générale, on arrêta à l'unanimité que d'Ossonville et sa famille seraient tenus sous huit jours de sortir de la section, « afin d'éviter les malheurs qui pourraient résulter de son odieuse conduite. » Tels sont les termes du procès-verbal.

Sénart, autre agent secret du Comité de sûreté générale, a consacré dans ses *Mémoires* posthumes

---

(1) *D'Ossonville à ses concitoyens, en réponse aux mille et une calomnies débitées et imprimées contre lui.* Imprimerie de Laurent aîné, rue d'Argenteuil, 211.

un long panégyrique à Jean-Baptiste d'Ossonville. Ce petit service de confrère à confrère paraîtra tout naturel lorsqu'on saura que d'Ossonville avait été investi, par testament, de la propriété des *Mémoires* de Sénart. Il les vendit, en 1823, à M. Alexis Dumesnil, qui les publia l'année suivante.

V.

ÉPISODE. — POMPE FUNÈBRE EN L'HONNEUR DES CITOYENS MORTS LE 10 AOUT.

Nous avons dit que le procès de d'Ossonville s'était terminé vers les trois heures du matin. On était alors au dimanche, 27, jour fixé pour la pompe funèbre ordonnée en l'honneur des citoyens tués au château des Tuileries. Le Tribunal criminel avait été convoqué pour cette solennité, où il devait occuper la première place ; en conséquence, il suspendit ses travaux et se rendit à la Maison commune, d'où le cortége se mit en route.

Une gravure des *Révolutions de Paris* (n° 164) a conservé la physionomie de cette fête nationale, qui ne produisit pas l'impression de terreur qu'on en attendait. Le sarcophage des victimes était traîné lentement par des bœufs, à la manière antique, et suivi d'un groupe de fédérés, tenant leurs sabres nus, entrelacés de branches de chêne. Venait ensuite la statue de la loi, armée d'un glaive ; — puis le Tribunal du 17 août, en tête de tous les tribunaux, dont la bannière portait cette inscription : *Si les tyrans ont des assassins, le peuple a des lois vengeresses.*

Une pyramide revêtue de serge noire couvrait le grand bassin des Tuileries; des parfums brûlaient sur des trépieds. Une tribune aux harangues était placée entre l'amphithéâtre, occupé par les députés et les magistrats, et l'orchestre, rempli d'un grand nombre de musiciens sous le commandement de Gossec. Après une marche funèbre, composition belle et savante, Chénier monta à cette tribune et y prononça un discours très-applaudi, dont le peuple lui-même vota immédiatement l'impression.

Néanmoins, les journaux ne furent pas contents de cette fête; ils ne furent pas contents surtout de l'attitude du peuple : « Cette cérémonie lugubre, et dont le sujet devait tour à tour inspirer le recueillement de la tristesse et une sainte indignation contre les auteurs du massacre dont on célébrait la commémoration, ne produisit pas généralement cet effet sur la foule des spectateurs. Dans le cortége, le crêpe était à tous les bras, mais le deuil n'était point sur tous les visages. Un air de dissipation, et même une joie bruyante, contrastaient d'une manière beaucoup trop marquée avec les symboles de la douleur et en détruisaient l'illusion. »

Pour compléter les documents relatifs à cette Pompe funèbre, nous devons citer une pièce très-singulière, extraite des registres de la section Poissonnière. Le curé de Saint-Laurent avait écrit à la section, en l'invitant à un service qui devait être célébré pour le repos des âmes des malheureux morts à la journée du 10 août. Voici la réponse que la section fit au curé, par l'organe de son président :

« Il a été fait lecture d'une lettre de M. le curé de Saint-Laurent, qui invite l'assemblée à assister à un service pour nos frères morts le 10 août dernier. L'assemblée, persuadée qu'il est temps enfin de parler le langage de la raison, a arrêté qu'il lui serait fait la réponse suivante :

« Les martyrs de la liberté, nos braves frères morts pour la patrie le 10 août, n'ont pas besoin, monsieur, d'être excusés ni recommandés auprès d'un Dieu juste, bon et clément. Le sang qu'ils ont versé pour la patrie efface toutes leurs fautes et leur donne *des droits* aux bienfaits de la Divinité.

» Quoi! nous! nous irions prier Dieu de ne point condamner nos frères au supplice du feu? Ce serait l'outrager, le calomnier; ce serait lui dire qu'il est le plus féroce, le plus absurde, le plus ridicule de tous les êtres.

» Dieu est juste, monsieur; par conséquent, nos frères jouissent d'un bonheur parfait, que rien ne pourra troubler. Les mauvais citoyens peuvent seuls en douter.

» Montrez-nous sur vos autels les glorieuses victimes de la liberté, couronnées de fleurs, occupant la place de saint Crépin et de saint Cucufin. Substituez les chants de la liberté aux *absurdes* cantiques attribués à ce féroce David, à ce monstre couronné, le Néron des Hébreux, alors nous nous réunirons à vous, et nous célébrerons ensemble le Dieu qui grava dans le cœur de l'homme l'instinct et l'amour de la liberté.

» Dev........, *président.*

» Tab...., *secrétaire.* »

L'abandon du culte suit toujours la dépravation du peuple. Ce que la liberté a de plus pressé à faire, c'est de détruire la religion et de mettre l'homme en demeure de n'obéir qu'à sa seule raison, — la raison humaine! Cette lettre, écrite à côté d'un exemplaire du *Dictionnaire philosophique*, n'est que le prélude des profanations de Notre-Dame et de Saint-Etienne-du-Mont, des danses à l'église Saint-Eustache et des dîners dans le chœur de St-Gervais.

VI.

ENCORE VILAIN D'AUBIGNI. — PROCÈS DE M. DE MONTMORIN. — MURMURES DU PEUPLE.

Rentrés au Palais-de-Justice, les membres du Tribunal apprirent que Vilain d'Aubigni, ayant eu l'impudence de se montrer à Paris, en plein jour, avait été arrêté et conduit immédiatement à la

Force. Nous reverrons plusieurs fois ce misérable, et toujours il se présentera à nous chargé du poids de quelque nouvelle inculpation de vol.

L'instruction du procès de M. de Montmorin, parent du ministre de ce nom, commença le 28 et se termina le 31. M. de Montmorin, comme les autres, était accusé d'avoir coopéré à la conjuration du 10 août; on avait trouvé dans ses papiers un plan écrit entièrement de sa main. Il parut devant la première section du Tribunal, présidée par Osselin, et détourna avec une habileté extrême la plupart des charges qui pesaient sur lui. C'était un homme de cour et un homme d'esprit. Il avait aussi beaucoup de fortune, ce qui, d'après les bruits qui coururent, ne fut pas tout-à-fait indifférent à quelques juges.

Il importe, en effet, que l'on sache que la corruption ne resta pas étrangère à ce procès, afin d'expliquer l'étrange indulgence dont se sentit soudainement atteint le Tribunal pour un *ci-devant* aussi prononcé que M. de Montmorin. On a parlé de dix mille livres en or comptées à Pepin-Dégrouhette. Le commissaire national Bottot, — ceci est plus évident, — fut arrêté quelques jours après « sous la prévention d'avoir influencé et provoqué le jugement qui a acquitté le sieur Montmorin. »

Les termes de ce jugement sont dérisoires et trahissent l'embarras des fripons qui le rédigèrent : « Louis-Victoire-Hippolyte-Luce de Montmorin, natif de Fontainebleau, âgé d'environ trente ans, prévenu d'avoir écrit un projet de contre-révolution dont l'effet a éclaté le 10 août, convaincu d'en être l'auteur, *mais de ne pas l'avoir fait méchamment et à dessein de nuire,* est acquitté de l'accusation portée contre lui, avec ordre d'être mis sur-le-champ en liberté, et son écrou rayé de tous les registres où il se trouverait. »

Pouvait-on montrer plus d'effronterie et de sottise ! Convaincu d'avoir conspiré, *mais de ne pas l'avoir fait méchamment et à dessein de nuire !...*

Cet arrêt fut rendu dans la nuit du 31 août.

Le peuple, qui n'avait pas reçu d'argent, lui, ne comprit pas la conduite du Tribunal, et fit entendre de violents murmures.

— Vous l'acquittez aujourd'hui, s'écria un citoyen, et dans quinze jours il nous fera égorger !

— Oui ! oui !

— A mort le Montmorin ! à mort !

L'indignation était à son comble, et il en fût résulté de funestes effets, si Osselin, prenant la parole, n'eût fait valoir l'empire des lois. Il rétablit à peu près le calme en déclarant qu'il se chargeait de conduire lui-même M. de Montmorin dans les prisons de la Conciergerie et de le faire écrouer de nouveau, *au nom du peuple,* en attendant qu'on vérifiât son procès.

A cette condition seulement, le peuple consentait à se retirer.

Mais le coup était frappé, et, à partir de ce jour, le tribunal du 17 août ne fit plus que déchoir dans l'opinion publique.

Un motif qui avait contribué puissamment à l'irritation du peuple, c'est qu'au moment où l'on déchargeait M. de Montmorin de toute inculpation, le bruit se répandait dans l'auditoire de l'évasion du prince de Poix, évasion favorisée, disait-on, moyennant une forte somme, par les soins de Marat et de Sergent.

Pareillement, à la même heure, Manuel recevait de Beaumarchais une rançon de trente mille livres, et celui-ci sortait de l'Abbaye, où il avait été enfermé depuis quelques jours.

Ainsi, de tous côtés, l'or domptait les républicains, relâchait leurs principes, suspendait leurs haines. Quelques millions de plus, et l'on aurait eu raison de la Terreur! Mais la France n'était pas assez riche pour se racheter du fer des assassins.

VII.

LE CHARRETIER DE VAUGIRARD.

Ce même Manuel, ouvrant une croisée de l'Hôtel-de-Ville, aperçut sur l'échafaud dressé place de Grève un malheureux qui subissait la peine de l'exposition. Cet homme que la foule invectivait, comme c'est l'habitude, était condamné à douze ans de gêne, pour je ne sais quel délit. Il était mal embouché : c'était un charretier de Vaugirard. Exaspéré par les cris de la multitude, il répondit par des injures aux injures qu'on lui adressait; il cria : — Vive le roi! vive la reine! vive Lafayette! au diable la nation!

Pierre Manuel vit un contre-révolutionnaire dans ce charretier. Il accourut avec colère et en appela à la vindicte de la loi; il présenta cet homme comme un émissaire du despotisme qui cherchait à fomenter une sédition et à rallumer la guerre civile. Il le fit délier et il obtint de le conduire lui-même à la Conciergerie ; puis il fit prévenir le Tribunal qu'il reviendrait à cinq heures pour lui dénoncer un *grand attentat*.

A cinq heures, en effet, — et pendant qu'on jugeait Backmann, le major-général des Suisses, — Manuel arriva, suivi d'un grand concours de peuple et assisté de plusieurs témoins. Il remit le charretier de Vaugirard entre les mains des juges, en leur confiant le soin de le punir.

L'affaire ne fut pas longue. Le Tribunal, enchanté de pouvoir prendre une revanche de sa mansuétude des jours précédents, condamna à mort, séance tenante, le charretier Jean Julien. — Vous étiez condamné à un esclavage de dix ans, lui dit Osselin; un esclavage de dix ans, pour un Français, est une mort continuelle. Et le lendemain matin, 2 septembre, le pauvre diable fut envoyé sur la place du Carrousel, où il expia son prétendu crime.

Un homme pour lequel je n'ai pas assez de boue quand je rencontre son nom sous ma plume, — Prudhomme, — a essayé de rattacher cette exécution aux massacres de septembre. Il *inventa* une révélation de ce Jean Julien, et expliqua de la sorte, à sa manière, les actes horribles de souveraineté populaire qui ensanglantèrent pendant trois jours les prisons. Nous donnons ce monument de folie stupide, qui fait lever les épaules quand il ne soulève pas le cœur d'indignation.

« Voici, dit Prudhomme, la conspiration que ce criminel, prêt à être supplicié, révéla, comme pour se venger par des menaces qui n'étaient que trop fondées. Vers le milieu de la nuit, à un signal convenu, toutes les prisons de Paris *devaient s'ouvrir* à la fois; les prévenus étaient armés, en sortant, avec les fusils et autres instruments meurtriers que nous avons laissé le temps aux aristocrates de cacher; les cachots de la Force étaient garnis de munitions à cet effet. Le château de Bicêtre, *aussi malfaisant que celui des Tuileries*, vomissait à la même heure tout ce qu'il renferme dans ses galbanums de plus déterminés brigands. On n'oubliait pas non plus de relaxer les prêtres, *presque tous chargés d'or*, et déposés à Saint-Lazare, au séminaire de Saint-Firmin, à celui de Saint-Sulpice, au couvent des Carmes-Déchaussés et ailleurs.

» Ces *hordes de démons* en liberté, grossies de tous les aristocrates tapis au fond de leurs hôtels, commençaient par s'emparer des postes principaux et de leurs canons, faisaient main-basse sur les sentinelles et les patrouilles, et *mettaient le feu dans cinq à six quartiers à la fois*, pour faire une diversion nécessaire au grand projet de délivrer Louis XVI et sa famille. La Lamballe, la Tourzel, et autres femmes incarcérées eussent été rendues aussitôt à leur bonne maîtresse. Une armée de royalistes *qu'on aurait vus sortir de dessous les pavés* eût protégé l'évasion rapide du prince et sa jonction, à Verdun ou Longwy, avec Brunswick, Frédéric et François. »

L'esprit reste confondu en présence de telles énormités !

L'ignoble pamphlétaire part ensuite de là pour expliquer et justifier la conduite du peuple en ces circonstances ; il le fait en lignes blasphématrices que nous devons transcrire, malgré la juste répugnance que nous en avons : « Le peuple, qui, comme Dieu, voit tout, est présent partout, et *sans la permission duquel rien n'arrive ici-bas*, n'eut pas plutôt connaissance de cette conspiration, qu'il prit le parti extrême, MAIS SEUL CONVENABLE, de prévenir les horreurs qu'on lui préparait et de se montrer sans miséricorde envers des gens qui n'en eussent point eu pour lui. »

Jean Julien condamné, — on revint au procès de Backmann, qui s'instruisait devant la deuxième section du Tribunal.

VIII.

BACKMANN, MAJOR-GÉNÉRAL DES SUISSES. — ON VOIT COMMENCER LES MASSACRES DE SEPTEMBRE.

Il est à remarquer que ce Tribunal populaire, institué *surtout* pour juger les Suisses, n'en avait encore jugé aucun depuis son installation ; Backmann fut le premier qui vint s'asseoir sur ses bancs ; ce fut aussi le dernier ; on trouva plus commode et plus expéditif d'égorger ceux qui restaient, — dans ces épouvantables journées des 2, 3, 4 et 5 septembre où nous allons entrer.

Interrogé sur ses nom, prénoms, âge et lieu de domicile, il répondit : — Je m'appelle Jacques-Joseph-Antoine Léger-Backmann ; je suis né en Suisse, dans le canton de Glaris ; je suis âgé de cinquante-neuf ans ; je sers depuis mon jeune âge, et je demeure ordinairement à Paris, rue Verte, faubourg Saint-Honoré.

LE PRÉSIDENT. — Vous allez entendre la lecture de l'acte d'accusation dressé contre vous.

Réal se leva alors, et de cette voix un peu aigre qu'on lui connaissait, il accusa Backmann d'avoir usé de son influence auprès de ses soldats pour les engager à tirer sur le peuple, et particulièrement sur les citoyens armés de piques. Il le représenta comme un homme ayant toujours manifesté des principes contraires à la Révolution, et il ajouta, — car l'accusation d'avoir repoussé la force par la force eût été ridicule, — qu'on le *soupçonnait violemment* (textuel) d'avoir ordonné le feu qui avait été exécuté dans les escaliers du château.

En terminant, Réal annonça que Backmann et les autres Suisses qui étaient entre les mains de la justice, avaient fait une protestation par laquelle ils déclinaient la juridiction du Tribunal, prétendant qu'ils ne devaient être jugés que par leur nation. —

Cette difficulté occupa les juges pendant quelques instants.—Le commissaire national était d'avis de passer outre ; mais Julienne, défenseur officieux, fit observer avec raison qu'il était de la loyauté du peuple français d'en référer à l'Assemblée nationale, « attendu, dit-il, qu'en ce moment les Français qui voyagent en Suisse sont peut-être retenus comme ôtages et le seront sans doute jusqu'au moment où l'on aura appris le résultat de ce qui se passe à Paris. »

Le Tribunal se fût probablement rendu à cette excellente observation, sans une lettre de Danton qui arriva sur ces entrefaites, — lettre autocratique et portant en substance : « Qu'il y avait lieu de croire que le peuple, dont les droits avaient été si longtemps méconnus, ne serait plus dans le cas de se faire justice lui-même, devant l'attendre de ses représentants et de ses juges. » C'était de la menace et de la compression; cela voulait dire : Hâtez-vous, sinon nous ferons faire votre besogne par le peuple ! cela annonçait enfin les massacres de septembre.

Cette lettre décida le Tribunal, qui, pour la forme seulement, se retira en la chambre du conseil pour délibérer, et conclut en se déclarant compétent.

L'interrogatoire fut insignifiant, et il ne fut pas difficile à Backmann d'y répondre d'une manière précise et sensée.

— Depuis quelque temps, dit le président, les Suisses, accoutumés autrefois à une discipline exacte, paraissaient abandonnés à eux-mêmes; ils fréquentaient les cabarets de la rue St-Nicaise et de la rue de Rohan, se tenant ordinairement sous le bras et pris de boisson, au grand scandale des citoyens voisins.

— J'ai fait, répondit Backmann, tout ce qui dépendait de moi pour maintenir l'ordre; il y avait des têtes qui n'étaient pas saines, ce n'est pas ma faute.

LE PRÉSIDENT. — N'avez-vous pas, dans la nuit du 9 au 10, fait verser de la poudre à canon dans l'eau-de-vie qui fut distribuée à vos soldats?

BACKMANN. — C'est une calomnie et une absurdité.

Depuis quelques heures, un bruit inusité se faisait entendre autour du Tribunal. Les juges n'en paraissaient pas émus. Ce bruit croissait à chaque instant et laissait deviner une foule furieuse. Les juges demeuraient assis sur leurs siéges; seul, l'auditoire avait vidé la salle dès les premières rumeurs. Bientôt des cris déchirants partirent de la cour et des prisons de la Conciergerie. Les juges devinrent un peu plus pâles, mais l'interrogatoire continua; il continua pendant une heure de cet horrible tumulte fait de supplications, de blasphêmes, de portes enfoncées, de sanglots et de râles. Une telle scène ne manquait pas de majesté sinistre. Tout-à-coup, un grand nombre de gens armés se précipitent dans l'enceinte du Tribunal. — C'est le jour des vengeances du peuple! s'écrient-ils; livrez-nous l'accusé! livrez-nous Backmann!

C'était le jour des vengeances du peuple, en effet. Le peuple venait de massacrer une vingtaine de détenus, dont les cadavres gisaient dans la cour du Palais-de Justice ; maintenant, c'était dans la salle même du tribunal qu'il venait réclamer sa proie. On a toujours supposé avec raison que cette démarche avait été conseillée par les ordonnateurs de Septembre, qui craignaient sans doute que les juges n'eussent pas le courage de condamner Backmann.

L'apparition de ces hommes inondés de sang jeta l'effroi dans l'âme des soldats suisses, qu'on avait fait sortir de la Conciergerie pour déposer dans le procès de leur major. Ils se tapirent dans tous les coins, se blottirent sous les bancs, derrière les juges et les jurés. Backmann seul conserva le plus grand sang-froid : aucune altération ne parut sur son visage ; il devait cependant être fatigué, car depuis trente-six heures que durait l'audience il n'avait pris aucun repos. Il descendit avec calme de son fauteuil et s'avança jusqu'à la barre, comme pour dire aux assassins qui le réclamaient : — Me voilà ! vous pouvez me frapper. Ce courage les impressionna. Le président profita de ce moment d'hésitation pour les exhorter à respecter la loi et l'accusé placé sous son glaive. La foule l'écouta en silence, et lorsqu'il eut fini, elle sortit sans insister (1).

---

(1) Voir à la fin du volume le récit de l'accusation Réal.

Backmann remonta sur son fauteuil, les Suisses relevèrent la tête et puis le corps, l'ordre se rétablit autant qu'il pouvait se rétablir. Mais le major s'aperçut bientôt que cet incident avait eu l'effet qu'on avait désiré, celui d'accélérer la procédure et de forcer par la terreur le jury à sacrifier une nouvelle victime. Déclaré coupable sur tous les points, Backmann entendit prononcer sa sentence au bruit des massacres qui recommençaient au dehors. La charrette de l'exécuteur l'attendait à la porte. Il ne sortit du Tribunal que pour aller à l'échafaud. — Ma mort sera vengée ! dit-il en s'adressant au peuple. Backmann était enveloppé de son grand manteau rouge, brodé d'or.

Cette hâtive besogne terminée, les membres du Tribunal se séparèrent en désordre ; leur office devenait tout à fait inutile, du moins pour le moment. Il était petit jour, et c'était l'aurore du 3 septembre qui venait de luire. D'ailleurs, aux guichets des principales prisons, d'autres tribunaux venaient de s'installer, et ceux-ci s'appelaient les *Tribunaux souverains du peuple !*

CHAPITRE V.

I.

TRIBUNAUX SOUVERAINS DU PEUPLE.

Il est, dans notre histoire, cinq ou six dates effrayantes qui se dressent, semblables à des poteaux, comme pour indiquer les trébuchements de la civilisation et qui justifient presque les omissions du père Loriquet. Les 2, 3 et 4 septembre 1792 appartiennent à ces dates particulières devant lesquelles la peinture, le roman et le théâtre reculent épouvantés. Tragédie ignoble, dont les actes ne se passent que dans des cachots à peine éclairés par la torche et par l'acier, l'*expédition des prisons*, comme on l'a appelée honnêtement, est, avec la Saint-Barthélemy, une de nos plus grandes hontes nationales. Vainement ceux qui placent la loi politique au-dessus de la loi morale (et de ceux-là il n'en est que trop, par malheur!) ont plusieurs fois tenté de présenter ces massacres sous un côté supportable, compréhensible; il y a quelque chose en nous qui repousse jusqu'à la simple atténuation de tels crimes. Là où l'humanité disparaît, le patriotisme n'est plus qu'un exécrable mot.

Nous avons moins à nous occuper de ces massacres que des tribunaux qui les ordonnèrent et qui les sanctionnèrent. On sait que la prison de l'Abbaye-Saint-Germain, située encore aujourd'hui rue Sainte-Marguerite, fut la première par laquelle on commença. Après avoir égorgé — sans jugement — dans la cour dite abbatiale une vingtaine de prêtres, la multitude, prise d'un singulier scrupule, imagina d'établir au greffe de l'Abbaye un *Tribunal du Peuple*, chargé de donner une apparence de justice à ces sinistres représailles. L'ancien huissier Maillard fut élu président par acclamation; il s'adjoignit douze individus pris au hasard autour de lui. Deux d'entre eux étaient en tablier et en veste, Quelques-uns des noms de ces juges ont été conservés : le fruitier Rativeau, Bernier, l'aubergiste, Bouvier, compagnon chapelier, Poirier. Ils s'assirent à une table sur laquelle on fit apporter, en outre du registre d'écrou, quelques pipes, quelques bouteilles et un seul verre pour tout le monde. C'était le 2 septembre au soir.

Cent trente victimes environ furent livrées aux massacreurs par ce tribunal dérisoire; quelques détenus furent réclamés par leur section; d'autres surent exciter la compassion des juges ou réveiller en eux quelques sentiments d'humanité. C'est à ces ressuscités que nous devons de connaître la physionomie caverneuse du tribunal de l'Abbaye et les semblants de formes judiciaires qui furent employées à l'égard de quelques-uns.—M. Jourgniac de Saint-Méard, particulièrement, a tracé un vif tableau de l'interrogatoire qu'il eut à subir; son *Agonie de trente-huit heures*, qui a eu un nombre incalculable d'éditions, est trop connue pour que nous en détachions quelques passages; il faut d'ailleurs la lire tout entière en songeant qu'elle fut publiée peu de temps après les journées de septembre, et qu'elle reçut l'approbation de Marat. La relation de l'abbé Sicard et celle de la marquise de Fausse-Lendry jettent également d'horribles lueurs sur ces événements. Nous n'indiquons là et nous ne voulons indiquer que les récits des témoins oculaires, car ce n'est qu'aux témoins oculaires qu'il convient de se fier en ces monstrueuses circonstances.

Pour ces motifs, nous donnerons accueil dans ces pages à une narration très émouvante de Mme d'Hautefeuille (Anna-Marie) rédigée sur les lettres de Mlle Cazotte elle-même. On se rappelle les détails de l'arrestation de l'honnête et aimable vieillard. Sa fille avait obtenu la permission d'être enfermée, non avec lui, mais dans la même prison ; elle le voyait plusieurs fois par jour. Lorsqu'arriva l'heure des massacres et que le tribunal populaire se fut installé au greffe, elle se mit aux aguets, écoutant avec anxiété retentir un à un les noms des détenus.

« Maillard venait de lire sur le registre d'écrou le nom de Jacques Cazotte.

» — Jacques Cazotte !

» A ce cri répété deux fois par une voix de stentor, un cri terrible a retenti dans les cloîtres supérieurs.

» Une jeune fille descend précipitamment les marches de l'escalier, elle traverse la foule comme un nageur intrépide fend les flots ; elle pousse les uns, elle glisse à travers les autres, se fraie un passage de gré, de force ou d'adresse ; elle arrive, pâle, échevelée, palpitante, au moment où Maillard, après avoir rapidement parcouru l'écrou, venait de dire froidement :

» — A la Force !

» On sait que c'était l'expression convenue pour désigner les victimes aux assommeurs.

» La porte s'ouvrait déjà. Deux assassins ont saisi Cazotte et vont l'entraîner au dehors.

» — Mon père ! mon père ! s'écria la jeune fille ; c'est mon père ! Vous n'arriverez à lui qu'après m'avoir percé le cœur.

» Et, se précipitant vers lui, de ses bras Elisabeth étreint le vieillard et le tient embrassé, tandis que, sa belle tête tournée vers les bourreaux, elle semble défier leur férocité par un élan sublime.

» Ce mouvement imprévu avait rendu les bourreaux immobiles ; ils écoutaient avec surprise et curiosité.

» — Voici du nouveau, dit une voix ; et du dehors on s'approcha.

» Le vieillard regardait sa fille avec un indicible amour, la serrait dans ses bras, baisait ses longs cheveux répandus autour d'elle, et puis levait ses yeux au ciel comme pour le remercier de lui avoir encore permis d'embrasser sa noble fille.

» — Ange, lui disait-il, charme de ma vieillesse, ange de mes derniers jours, adieu ! Vis pour consoler ta mère ; va, va, *Zabeth*, laisse-moi.

» — Non, non, je ne te quitte point, et je mourrai là, sur ton sein, si je ne puis te sauver !

» Et la jeune fille s'attachait plus étroitement encore à lui, cherchant à le couvrir de son corps.

» — C'est un aristocrate! cria Maillard d'une voix enrouée ; emmenez-le.

» — C'est un vieillard sans force et sans défense, reprit la jeune fille; voyez ses cheveux blancs, vous ne pouvez pas lui faire du mal ! Non, non, c'est impossible, épargnez mon père, mon bon père !

» Ici un homme au bonnet rouge baissa son sabre et s'appuya sur la poignée en faisant ployer la lame; il semblait incertain.

» Au dehors, les bourreaux s'étaient arrêtés, plusieurs même s'étaient approchés de la porte; ils écoutaient cette enfant. Les accents de sa voix remuaient leurs cœurs farouches; son appel à des sentiments qui vivaient encore en eux à leur insu, les subjuguait. Quand elle eut fini de parler, haletante, épuisée, l'un dit :

» — Mais ça m'a l'air de braves gens, ça ; pourquoi leur faire du mal ?

» Ces mots opérèrent une réaction.

» — Le peuple français n'en veut qu'aux méchants et aux traîtres ; il respecte les braves gens ! dit l'homme au bonnet rouge ; citoyen Maillard, un sauf-conduit pour ce bon vieux et pour sa fille.

» — Mais j'ai lu l'écrou, criait toujours Maillard ; ce sont des aristocrates endiablés, vous dis-je ! ce sont des conspirateurs !

» — Allons donc ! cette jeunesse, ça ne s'occupe pas des affaires ; c'est une brave fille qui aime bien son vieux père.

» — Eh ! non, s'écria Maillard ; si on les écoutait tous, on n'en finirait pas ; faites-la remonter et conduisez son père *à la Force*.

» — Non ! non !

» — Si !

» Elisabeth se sentait mourir en voyant renouveler cette sanglante discussion ; elle se pressa de nouveau sur son père, qui lui disait :

» — Va, va, laisse-moi mourir, retire-toi.

» — Jamais ! répondit-elle. »

(Les lettres de Mlle Cazotte nous apprennent qu'il s'écoula plus de DEUX HEURES dans ces terribles débats.....)

« Alors l'homme au bonnet rouge, qui désirait accorder les différents avis :

» — Ecoutez-moi, petite citoyenne; pour convaincre le citoyen Maillard du civisme de vos sentiments, venez trinquer au salut de la nation et criez avec moi : Vive la liberté ! l'égalité ou la mort !

» De sa main sanglante, il lui tendit un verre dans lequel les égorgeurs se désaltéraient chacun à leur tour.

» Elisabeth prit le verre :

» — Oui, je vais boire, dit-elle en détournant les yeux.

» Elle tendit sa main pour qu'on lui versât du vin, mais sans cesser d'entourer son père avec son autre bras, car elle craignait que cette proposition ne fût une ruse pour l'éloigner de lui.

» — Allons, reprit l'homme, après avoir versé ; vive la liberté, l'égalité ou la mort !

» — Vive la liberté, l'égalité ou la mort ! répéta la pauvre enfant ; et portant le verre à ses lèvres, elle le vida d'un seul trait.

» Il y eut une acclamation générale ; les hommes qui l'environnaient s'écrièrent :

» — Il faut les porter en triomphe ! Ils méritent les honneurs du triomphe !

» Alors tous les spectateurs, hommes et femmes, se mirent sur deux haies ; on apporta deux escabeaux sur lesquels on fit asseoir le père et la fille, et l'on choisit quatre hommes pour les porter. Ceux-ci, les élevant à la hauteur de leurs épaules, les emportèrent hors de la cour de l'Abbaye, aux applaudissements unanimes.

» — Place à la vieillesse et à la vertu ! s'écriait l'un.

» — Honneur à l'innocence et la beauté !

» Un fiacre venait d'amener de nouveaux prisonniers ; on y fait monter Cazotte et sa fille ; deux hommes montent avec eux et le cortége se met en marche au trot de deux chevaux, suivi d'une foule qui criait sans relâche :

« — Vive la nation ! à bas les aristocrates, les prêtres et les conspirateurs ! »

Ce fut ainsi qu'on arriva rue Thévenot, où était venue loger Mme Cazotte. Elisabeth, jusque là si courageuse et si forte, tomba évanouie dans les bras de sa mère.

D'affreuses convulsions succédèrent à cet évanouissement, et l'on dut craindre pendant plusieurs jours pour sa vie......

M. Michelet, dans l'étrange patois de son *Histoire de la Révolution française* (t. IV), a raconté différemment cette touchante aventure : « Il y avait, dit-il, à l'Abbaye, une fille charmante, Mlle Cazotte, qui s'y était enfermée avec son père. Cazotte, le spirituel visionnaire, auteur d'opéras-comiques, *n'en était pas moins* très-aristocrate, et il y avait contre lui et ses fils des preuves écrites très-graves. Il n'y avait pas beaucoup de chances qu'on pût le sauver. Maillard accorda à la jeune demoiselle *la faveur d'assister au jugement et au massacre* (la faveur d'assister au massacre!), de circuler librement. Cette fille courageuse en profita pour capter la faveur des meurtriers ; elle les gagna, les charma, *conquit leur cœur*, et quand son père parut, il ne trouva plus personne qui voulût le tuer. »

Cette manière lâchée de raconter un des plus beaux traits de notre histoire, et cette mauvaise grâce à reconnaître l'héroïsme chez les royalistes, se retrouvent à chaque ligne dans l'historien des écoles.

Une autre jeune demoiselle, non moins dévouée et non moins courageuse qu'Elisabeth Cazotte, obtint également la grâce de son père. C'était Mlle de Sombreuil, fille du gouverneur des Invalides. On a prétendu que les bourreaux avaient mis à leur clémence une abominable condition, en la forçant de boire un verre de sang humain ; on a même ajouté qu'il en était resté à Mlle de Sombreuil un tremblement convulsif jusqu'à la fin de ses jours. J'avoue que j'hésite à adopter cette fable monstrueuse, que rien, — du moins à ma connaissance, — ne paraît justifier ; et je préfère à tous égards m'en rapporter à la version d'un contemporain habituellement bien renseigné, qui a raconté dans ses plus grands détails le dramatique épisode de Mlle de Sombreuil. Selon lui, c'est autant au zèle d'un simple particulier qu'aux supplications de sa fille que le gouverneur des Invalides dut d'avoir la vie sauve. Ce particulier s'appelait Grappin ; « et ce nom, dit Roussel, mérite de passer à la postérité. » Ce n'était qu'un simple agriculteur de Bourgogne, marié et père d'une nombreuse famille ; une spéculation sur les vins l'avait conduit à Paris, où il résidait depuis quelques mois seulement.

M. Granier de Cassagnac, dans sa récente *Histoire du Directoire*, croit devoir ranger Grappin parmi les juges du tribunal de l'Abbaye. « Grappin, dit-il, domicilié dans la section des Postes, fut envoyé avec un homme de cœur nommé Bachelard, à l'Abbaye, pendant les massacres, pour réclamer deux prisonniers au nom de sa section. Arrivé à l'Abbaye, Grappin s'installa auprès de Maillard et jugea avec lui les prisonniers, ainsi que le constate un certificat délivré à Grappin par Maillard et portant que Grappin l'avait aidé pendant soixante-trois heures à faire justice au nom du peuple. » Ces lignes, empruntées par M. Granier de Cassagnac à l'ouvrage de Maton de la Varenne, intitulé : *Histoire particulière des événements qui se sont passés en France dans l'année 1792*, etc., ne me semblent pas porter le cachet de la vérité. Ainsi, il me paraît évident que Maton de la Varenne a confondu Grappin avec les scélérats de la horde de Maillard, tandis qu'au contraire il est prouvé que ce brave homme a sauvé, à l'Abbaye, soixante à soixante-dix personnes, parmi lesquelles M. Valroland, maréchal-de-camp, deux juges de paix et douze femmes. Ensuite, il n'est pas du tout démontré que Grappin ait siégé au Tribunal souverain du peuple ; les douze juges étaient installés et avaient déjà prononcé sur le sort de plusieurs détenus lorsqu'il arriva à la prison. Laissons raconter le fait par Alexis Roussel : « La section du *Contrat social* avait nommé huit de ses sectionnaires pour se transporter à l'Abbaye et réclamer deux prisonniers. Grappin était un des huit députés. Arrivés à la prison, on demande les deux détenus ; on ne les connaît pas ; on parcourt toutes les chambres, tous les cachots ; recherches inutiles ! On les appelle par leurs noms, personne ne répond. Cependant on est certain qu'ils ont été conduits à l'Abbaye et qu'ils n'en ont pas été retirés. Grappin allait partir avec la députation, lorsque le concierge lui dit de ne pas se désespérer et le conduit dans une salle échappée à ses perquisitions. Là, le concierge fait mettre tous les prisonniers en rang, et il commençait l'appel, lorsqu'un jeune homme qui essayait de se sauver par une cheminée tombe criblé de coups de fusil. Le bruit de cette fusillade met tout en rumeur et fait fuir le concierge, qui ferme la porte sur lui et laisse Grappin confondu avec les nombreux prisonniers voués à la mort. »

Ce jeune homme qui essayait de se sauver par une cheminée, c'était M. de Maussabré, que l'on avait arrêté quelques jours auparavant chez Mme Dubarry, où il s'était caché derrière un lit. En apprenant cette tentative d'évasion, Maillard avait ordonné, comme une chose toute naturelle, que l'on tirât sur lui quelques coups de pistolet ou que l'on allumât de la paille. Cet incident était survenu pendant l'interrogatoire de Jourgniac de Saint-Méard.

— Voilà donc l'alibi de Grappin parfaitement posé jusque-là.

Bientôt son uniforme de garde national, sur lequel pendait son sabre, le fit reconnaître du guichetier. Dès qu'il se vit libre, il s'inquiéta de ses collègues de la section ; mais ils étaient partis, emmenant avec eux les deux individus qu'ils étaient enfin parvenus à retrouver. Grappin, n'ayant plus rien à faire, allait quitter l'Abbaye lorsqu'il rencontra les assommeurs qui conduisaient devant le tribunal M. le comte de Sombreuil et sa fille. Il s'arrêta. L'aspect de cette jeune personne, tenant son père enlacé et ne le quittant que pour s'humilier devant les juges ; la contenance digne du vieux militaire, tout cela l'émut profondément. Il voulut rester spectateur de ce débat.

L'interrogatoire fut court. Convaincu de conspiration, M. de Sombreuil lut son arrêt dans les yeux de Rativeau, Bernier, Poirier et consorts. Sur un signe de Maillard, on se disposa à l'entraîner hors de la *salle d'audience*. — Prenez ma vie ! s'écriait mademoiselle de Sombreuil, mais sauvez mon père ! — Les assommeurs faisaient la sourde oreille, et leurs mains tachées de sang continuaient de s'imprimer sur le collet du vieillard, lorsque Grappin s'avance près du tribunal et demande à adresser une question à M. de Sombreuil ; les juges s'étonnent, mais son double caractère de garde national et de délégué de section leur impose ; ils accèdent à sa proposition. — Avez-vous quitté votre poste dans la journée du 10 août ? demande Grappin au gouverneur des Invalides. — Pourquoi aurais-je déserté l'hôtel confié à ma garde ? répond celui-ci en relevant la tête ; hélas ! je n'ai contre moi que des dénonciations surprises par mes ennemis à la crédulité d'un petit nombre d'invalides.

Mlle de Sombreuil joignait ses mains vers Grappin comme vers un ange apparu soudainement.

— Il importe, dit-il en s'adressant au tribunal, que ces faits soient éclaircis ; en conséquence, je demande que l'exécution soit suspendue et que des commissaires soient envoyés à l'hôtel des Invalides pour s'assurer de la vérité. Les juges consultent du regard le président. Maillard murmure : une quarantaine d'accusés ont déjà trouvé grâce devant lui pour divers motifs ; les tueurs s'impatientent. Néanmoins, intimidé sans doute par le ferme accent de Grappin, il expédie l'ordre ; on part. Pendant ce temps, M. de Sombreuil est enfermé avec sa fille dans un cabinet, sous la garde de quelques hommes du peuple. Les commissaires rapportent une lettre du major des invalides, qui confirme les déclarations du gouverneur ; pourtant Maillard ne la trouve pas suffisante et déclare qu'il passe outre ; déjà le mot fatal : *A la Force!* a couru sur ses lèvres et sur celles des juges. — Non ! s'écrie Grappin, vous ne prononcerez pas un jugement inique ; les vieux défenseurs de la patrie sont incapables de trahir la vérité ! Ordonnez, je pars avec quatre nouveaux commissaires que vous nommerez ; nous irons aux Invalides et nous en rapporterons des témoignages dignes de croyance.

Cette fois encore, le tribunal dut se rendre aux suggestions chaleureuses de ce brave citoyen. Grappin se met en route à trois heures et demie du matin ; il arrive avec les quatre commissaires chez le major, qui était couché ; il le réveille, il le force à se lever, il lui dit qu'une minute de retard peut compromettre les jours de M. de Sombreuil. Le major descend et fait battre le tambour ; huit cents invalides sont sous les armes. C'est encore Grappin qui va les haranguer : — Amis ! leur crie-t-il, que ceux qui ont des dénonciations à faire contre leur gouverneur passent de ce côté ; que ceux qui n'ont rien à dire passent de l'autre. Dix à douze dénonciateurs s'ébranlent et en entraînent jusqu'à cent cinquante. Grappin frémit. Heureusement une dispute vient à s'élever entre les deux camps : ceux qui tiennent pour M. de Sombreuil conspuent les autres ; Grappin rappelle avec vivacité les services rendus par le gouverneur, sa bravoure, sa loyauté, son attachement pour ses frères d'armes. Après avoir convaincu les bourreaux de l'Abbaye, il était impossible que Grappin échouât auprès de quelques vieux militaires abusés. Bientôt il a la satisfaction de voir le nombre des dénonciateurs diminuer à chaque minute : — résiste-t-on jamais à l'éloquence d'un honnête homme exalté par l'amour de la justice ! — ceux qui restent n'articulent que des accusations vagues, des ouï-dire qui ne peuvent être d'aucun poids dans la balance du tribunal. Grappin remercie le major et retourne à la prison avec les quatre commissaires, dont le témoignage lui est acquis.

Forcé dans ses derniers retranchements, Maillard ne put refuser plus longtemps l'acquittement de M. de Sombreuil. Ce fut Grappin lui-même qui alla annoncer sa délivrance au vieillard, que les plus anxieuses incertitudes dévoraient depuis plusieurs heures, et qui confondait ses larmes avec celles de sa fille. Il les prit tous les deux par la main et leur fit franchir le guichet funèbre. — C'est un brave officier ! c'est un bon père de famille ! dit-il en les présentant à la populace.

On pourrait croire qu'après cet acte de dévouement, Grappin se tint pour satisfait. Point du tout. Pendant le court espace de temps qu'il avait été par mégarde enfermé avec les prisonniers, il avait promis à huit d'entre eux d'aller engager leurs sections à les faire réclamer ; il rentra à l'Abbaye pour prendre leurs lettres et, montant en voiture, il se rendit dans les sections indiquées. Partout il eut le bonheur de réussir ; des commissaires furent immédiatement envoyés auprès de Maillard pour réclamer leurs sectionnaires. Il était temps : l'un d'eux, M. Cahier, se trouvait en présence du tribunal ; il était si certain de sa mort qu'il avait donné déjà sa montre à l'un des juges, et qu'il s'écriait avec des sanglots : — Adieu, ma femme ! Adieu, mes enfants !

Nous ne voulons tenir compte que des faits prinpaux appartenant à l'histoire et appuyés du nom et du témoignage des personnes qui ont figuré dans ces lugubres scènes. Nougaret et Roussel citent beaucoup d'autres traits en faveur de Grappin; mais comme ces traits ne nous semblent pas revêtus d'un égal sceau d'authenticité, nous nous abstiendrons de les mettre sous les yeux de nos lecteurs. Nous estimons d'ailleurs sa part assez belle, et nous le tenons d'autant mieux pour un brave homme, qu'il ne connaissait aucun des individus qui lui durent la vie ; l'humanité fut son unique mobile. — Il est assez difficile, après cela, de concilier toutes ces allées et venues avec les fonctions de juge que lui attribuent Maton de la Varenne et l'auteur de l'*Histoire du Directoire*. Venu à l'Abbaye bien après que Maillard eut fait choix de ses douze acolytes, pourquoi lui eût-on offert une place au tribunal ; et d'un autre côté, de quel besoin eût été ce juge volant, toujours par monts et par vaux, tout à l'heure aux Invalides et maintenant dans les sections ? De *ce qu'il a aidé Maillard à faire la justice,* selon les termes du certificat délivré par celui-ci, faut-il conclure qu'il s'est assis à ses côtés et a rendu des arrêts de mort ? Le contraire a été démontré d'une façon victorieuse. Ranger Grappin parmi les juges de l'Abbaye, c'est donc commettre une erreur doublement criante.

Il faut croire plutôt que, comme tant d'autres, il se fit délivrer cette attestation afin d'avoir entre les mains une preuve de civisme à opposer à ses ennemis. Les massacres de septembre avaient donné une grande importance à Maillard, et pendant longtemps, un grand nombre de personnes recherchèrent sa protection. Même il est permis de croire que le remords était entré dans l'âme de l'ex-huissier, car jusqu'à l'heure de sa fin, arrivée après la chute des chefs terroristes, il ne cessa d'entourer de sa sollicitude une des personnes échappées malgré lui aux mailles sanglantes de son tribunal, M. de Saint-Méard, dont le nom s'est déjà trouvé sous notre plume. — Quoi qu'il en soit, le certificat de Maillard n'empêcha pas Grappin, après la loi des suspects, d'être incarcéré à la Bourbe. La fatalité républicaine voulut qu'il y rencontrât Mlle de Sombreuil et son père; ils l'accueillirent avec les plus grandes marques de reconnaissance. M. de Sombreuil avait l'habitude de dire à sa fille en le désignant : — Si cet honnête homme n'était pas marié, je ne voudrais pas que tu eusses d'autre époux.

Quittons le tribunal souverain de l'Abbaye pour le tribunal souverain de la Force. L'un valut l'autre. Dans la soirée du 2 septembre, Germain Truchon, surnommé dans les rues de Paris la *Grande-Barbe,* se présenta chez le concierge et organisa, avec quelques officiers municipaux, Michonis, Dangers, Monneuse, un tribunal en tout pareil à celui de l'Abbaye-Saint-Germain. Les mêmes formalités y furent suivies; on y employa les mêmes semblants d'humanité : à l'Abbaye on envoyait les gens *à la Force ;* à la Force on les envoya *à l'Abbaye,* ce qui signifiait à la mort. Plus de cent cinquante personnes furent condamnées et massacrées; le sang coulait jusque dans la rue des Ballets. Au seuil de la grande porte de la prison, le pied sur la borne, le pinceau en main, on affirme que le célèbre David retraçait le dernier moment des victimes et s'applaudissait d'une occasion si précieuse de *surprendre à la nature son secret.* — Pétion essaya, dit-on, de faire cesser ce carnage : s'étant rendu à la Force, il arracha de leur siège deux membres de la Commune en écharpe ; mais à peine fut-il sorti que ces scélérats rentrèrent et continuèrent leurs fonctions.

Le 3, Hébert et Lullier vinrent se joindre aux complices de Truchon. Lullier, l'accusateur, n'avait plus rien à faire au tribunal du 17 août, il cherchait de l'occupation. Ce fut devant ces deux scélérats que comparut Mme de Lamballe. On sait à quels supplices ils dévouèrent cette femme courageuse, qui pouvait se sauver en faisant le serment de haïr le roi et la royauté, et qui aima mieux périr en criant : Vive Louis XVI ! « Sur cette parole, raconte Rétif de la Bretonne, elle reçut d'un faux Marseillais (un Piémontais soldé par l'Autriche pour augmenter le désordre parmi nous) le premier coup de sabre dans le ventre, montée qu'elle était sur un *açervas* de mourants et de morts ; elle fut déchirée, *ex-viscérée* ; sa tête fut sciée, lavée, frisée et portée, dit-on, au bout d'une pique, sous les fenêtres du Temple. »

On se tromperait toutefois en supposant que personne n'échappa à cette boucherie. Naturellement, le voleur D'Aubigni fut un de ceux qui eurent la vie sauve. Le contraire eût étonné trop de monde. « J'étais à la Force lors de cette affreuse journée, dit-il dans le mémoire que nous avons cité déjà, et je devais être égorgé. Des ordres avaient été donnés *ad hoc*, et je ne dus mon salut qu'à l'adresse et à la prévoyance d'un gendarme... Les satellites qui devaient me massacrer tinrent le sabre levé, pendant huit heures, sur le sein de la dame Bauls, femme du concierge de cette prison. » Quelques jours auparavant, Marat était venu visiter d'Aubigni dans sa chambre et lui avait promis de s'intéresser à son sort.

A Bicêtre, on se rendit avec sept canons traînés à bras qui furent rangés en batterie devant le château. Le libraire Louis-Ange Pitou, qui s'est trouvé mêlé à presque tous les événements de la révolution, et qui a laissé des notes souvent précieuses, donne les détails suivants sur cette expédition : « Le chef des égorgeurs, qui conduisit la troupe à Bicêtre, était un parricide natif d'Angers, nommé Musquinet de la Pagne; il avait été enfermé pendant plusieurs années dans les cachots souterrains de cette prison. Le concierge, qui l'avait connu, voulant faire une barrière de son corps aux prisonniers, fut la première victime de ce monstre. »

Nous retrouverons plusieurs fois ce Musquinet, que l'on fera maire du Havre en récompense de ses exploits, et que le Tribunal révolutionnaire condamnera à mort en avril 1794. — A Bicêtre, comme à la Force et à l'Abbaye, le registre des écrous fut apporté, et un tribunal s'installa, au nom du peuple, dans la salle du greffe. Il y eut peu de graciés; on poussa la barbarie jusqu'à égorger une trentaine de petits malheureux enfermés par correction : des enfants ! Tous les corps amoncelés dans un coin de la cour furent portés au cimetière par les exécuteurs eux-mêmes, et brûlés dans des lits de chaux vive.

La Conciergerie eut également ses juges, parmi lesquels il faut ranger le journaliste Gorsas. On tua M. de Montmorin, qui en fut pour l'argent jeté à ses premiers juges ; on tua aussi tout ce qui restait des Suisses, ce qui diminua considérablement la future besogne du Tribunal du 17 août, et ce qui aurait dû même la rendre complétement inutile.

On se contenta de l'appel nominal au couvent des Carmes de la rue de Vaugirard, où la boucherie fut dirigée par Maillard (pendant un entr'acte de l'Abbaye) et par un de ses affidés, Mamain. Il ne paraît point non plus qu'il y ait eu de juges au couvent Saint-Firmin, aux Bernardins du quai Saint-Bernard, à la Salpêtrière, etc.

Que ceux qui désirent avoir une idée des horreurs commises dans ces derniers endroits, consultent l'édition originale de la *Semaine nocturne*, par Rétif de la Bretonne, appendice aux *Nuits de Paris* ; plus tard, Rétif dut mettre des cartons à la *Semaine*, par ordre de l'autorité supérieure. Ce fut lors de l'expédition des Bernardins que cet auteur fut témoin auditif d'un trait « que j'ai sans doute seul remarqué, » écrit-il. La bande des massacreurs passait tumultueusement sous ses fenêtres en criant : Vive la nation! Un des tueurs, poussant l'enthousiasme du crime jusqu'au vertige, s'écria : *Vive la mort!* — Mieux que beaucoup de pages, ce mot affreux peint l'état des esprits dans les journées de septembre 1792.

Les massacres durèrent quatre jours, au milieu de la première cité de l'Europe, « sans que ses autorités eussent cherché à y mettre le moindre obstacle, fait remarquer un écrivain. Pendant que des monstres à figures repoussantes, gorgés de vin et couverts de sang, faisaient une hécatombe d'une portion du genre humain, l'Assemblée Nationale rendait quelques lois insignifiantes, le corps électoral élisait ses députés à la Convention, les assemblées de sections enrôlaient pour l'armée, les tribunaux dictaient leurs jugements, les employés travaillaient dans leurs bureaux, les agioteurs étaient au Perron, les oisifs au café, les promeneurs aux Tuileries, les curieux partout. A la Chaussée-d'Antin, on parlait des scènes horribles qui se passaient dans les prisons, comme d'un événement qui aurait eu lieu à Constantinople ou à Moscou. Voilà Paris. »

On a plusieurs fois, à la Convention nationale, agité cette question, à savoir si l'on ferait le procès aux septembriseurs ou si l'on passerait l'éponge sur leurs crimes. Il y eut des décrets pour et contre, selon que chaque faction était en force. « En 1793, raconte Ange Pitou, la Gironde ayant ordonné une enquête, un fédéré de Marseille, nommé Nevoc, pâle et tremblant la fièvre, monta à la tribune des Jacobins et tint ce discours, que j'ai copié dans le temps, sous la dictée de l'orateur : — On nous menace aujourd'hui pour avoir obéi aux ordres du peuple ; *oui, j'en ai tué vingt, je ne le cache pas !* Mais on m'a dit que je faisais bien ; vous me l'avez ordonné et je réclame votre appui. — Il s'adressait en ce moment à Robespierre, à Billaud-Varenne, à Marat et à tous les administrateurs. La société se leva en masse et leur jura de les sauver tous ou de périr. » Ce ne fut pas tout ; le 8 février, la société dite des *Défenseurs de la République,* composée en majeure partie des assassins des prisons, osa se présenter à la barre de la Convention, et par l'organe d'un de ses membres, eut l'impudence de faire l'apologie de ces meurtres. Après une faible opposition, on rapporta le décret qui ordonnait les poursuites. — L'enquête recommença en 1796, mais presque tous les inculpés furent absous.

Une seule anecdote servira de conclusion à ce chapitre des *Tribunaux souverains du peuple*. On sait que la Convention tenait des séances le soir, qui se prolongeaient parfois très-avant dans la nuit. Dans une de ces séances, il advint que Danton fut interpellé et monta à la tribune. Il était deux heures du matin. Une partie de la salle se trouvait à peu près plongée dans les ténèbres, la lumière étant venue à manquer. Seul, éclairé par une lueur terne, Danton se démenait à la tribune, et les éclats de sa parole parvenaient à peine à secouer la somnolence qui s'était emparée de la majeure partie des députés. Il rappelait avec emphase les services qu'il avait rendus à la patrie, il énumérait longuement ses actes de justice et d'humanité; lorsque soudain, du point le plus obscur de la salle, une voix articula sourdement et lentement cet unique mot : — *Septembre !* A la faveur de la clarté qui le frappait au visage, on vit Danton pâlir et se troubler. Un silence de mort se fit dans cette assemblée aux aspects si étranges et si lugubres ; chacun, réveillé subitement, semblait se demander d'où sortait cette voix, funeste comme le remords. Danton essaya de balbutier encore quelques paroles, mais bientôt, atterré, il descendit de la tribune et regagna sa place en chancelant.

11.

LE TRIBUNAL DU 17 AOUT REPARAIT.

Le Tribunal du 17 août reçut une telle secousse de ces événements, que, pendant quelque temps, il parut considérer son œuvre comme achevée.

Il ne recommença guère à donner signe de vie que le 11 septembre. Il paraît qu'on ne regardait pas alors les massacres des prisons comme tout à fait terminés, si du moins l'on en juge par cette note insérée au *Moniteur* dans le bulletin du 19 septembre : « Les prisonniers de Sainte-Pélagie adressent à l'Assemblée une pétition pour la supplier, en attendant leur jugement, de veiller à leur sûreté. *Ils craignent à chaque moment d'être égorgés.* »

Néanmoins, le 11 septembre, le Tribunal se présenta à la barre de l'Assemblée, annonçant qu'un rassemblement considérable demandait le jugement prompt de deux particuliers prévenus d'avoir enlevé la caisse de leur régiment. Il offrit un projet qui, en garantissant la justice aux accusés, devait calmer l'irritation du peuple. Cette proposition du Tribunal fut convertie en motion et décrétée en ces termes :

« L'Assemblée nationale, après avoir décrété l'urgence, décrète ce qui suit :

» Le Tribunal criminel établi par la loi du 17 août dernier connaîtra provisoirement, jusqu'à ce qu'il ait été autrement ordonné, et dans les formes prescrites par la loi du 19 du même mois, de tous les crimes commis dans l'étendue du département de Paris.

» Il sera nommé par chaque canton des districts du Bourg-de-l'Egalité et de Saint-Denis, deux jurés d'accusation et deux jurés de jugement, dont il sera formé une liste séparée, et ils ne seront convoqués que pour le jugement des délits commis dans l'étendue desdits districts. »

De ce jour, les pouvoirs du Tribunal se trouvèrent considérablement agrandis, et il put parcourir, en dehors de la politique, tous les cercles de la criminalité. C'était ce qu'il désirait.

Les deux voleurs qui lui avaient servi de prétexte furent acquittés le lendemain.

Le 13, il jugea un culottier.

Le 17, un garçon parfumeur qui avait soustrait des cuillers d'argent.

Le 18 septembre, le Tribunal eut en pâture l'importante affaire des *Diamants de la couronne*; il s'en occupa si bien et si longtemps, qu'il en eut pour jusqu'au moment où on vint le supprimer, c'est-à-dire jusqu'au mois de décembre. Pendant près de trois mois, la première section ne s'occupa exclusivement que de ce procès scintillant, auquel nous allons consacrer un chapitre détaillé.

L'autre section du Tribunal continua à instruire les *crimes* politiques et civils, et aussi les délits correctionnels.

CHAPITRE VI.

LES DIAMANTS DE LA COURONNE.

Les massacreurs de septembre, en exerçant leur fureur dans les prisons de Paris, avaient épargné toute la tourbe entraînée par la misère ou par la perversité. Les nobles et les prêtres ayant eu le terrible privilége d'assouvir la soif sanguinaire de ces bourreaux, on avait laissé passer entre les réseaux de l'accusation politique un grand nombre de détenus ordinaires, considérés par les patriotes comme du menu fretin. D'aucuns ont prétendu qu'ils avaient leur raison pour en agir de la sorte, car les aristocrates seuls possédaient, sous le satin de leurs doublures, des louis ou des montres.

N'ayant plus le pain de la prison, et jouissant d'une liberté complète, tant la police était occupée alors à déjouer exclusivement les attentats contre-révolutionnaires, ces fils adoptifs de la potence cherchaient quelque grande occasion de signaler leur adresse et d'asseoir leur fortune. Sous le calme des verrous, plusieurs hommes d'un vrai mérite en ce genre s'étaient rencontrés et liés d'amitié. Rendus à des loisirs dangereux, ils discutèrent ensemble l'opportunité de diverses tentatives ; ce groupe de malfaiteurs, protégé par le désordre politique, comptait parmi ses fortes têtes deux meneurs inventifs et résolus : l'un Joseph Douligny, originaire de Brescia (Italie), âgé de vingt-trois ans ; l'autre Jean-Jacques Chambon, né à Saint-Germain-en-Laye, âgé de vingt-six ans et ancien valet de la maison Rohan-Rochefort.

Un jour, ces deux amis bien dignes l'un de l'autre entendirent dans un café du faubourg Saint-Honoré une conversation qui leur fit naître la pensée d'un vol gigantesque.

— Je vous le répète, moi, disait un petit vieillard à deux habitués qui méditaient avec lui chaque ligne d'une gazette ; ce ministre Roland est un pauvre homme, qui cache sous des dehors d'austérité un cœur accessible aux plus sottes faiblesses ; il tolère dans sa maison de véritables scandales, et sous prétexte qu'il aime sa femme, il se croit forcé de protéger les gens dont elle s'entoure. Il n'y a pas un poste qui ne soit occupé par un des favoris de la citoyenne Roland ; jusqu'à cette place de conservateur du Garde-Meuble qui vient d'être donnée à l'un de ces mendiants !

— Oh ! oh ! quelle colère ! répondit l'un des causeurs en souriant; on voit bien que tu avais songé à demander pour toi-même cette petite position.

— Pour moi ! reprit le vieillard mécontent; je n'ai jamais demandé aucune faveur, c'est pour cela que je suis indigné contre le conservateur du Garde-Meuble, un homme qui monte à cheval et qui apprend à danser! qui n'est jamais, ni jour ni nuit, occupé des devoirs de sa charge. Les trésors qui lui sont confiés peuvent devenir la proie de quelque filou entreprenant; on n'aurait qu'à escalader une fenêtre, et tout serait dit.

— Tout beau ! mais les surveillants ?

— Ils imitent leur chef, et vont s'enivrer aux barrières......

Chambon et Douligny avaient écouté ; — et simultanément la même cause avait produit chez eux le même effet; ils échangèrent un regard furtif, et ce regard contenait à lui seul tout un projet d'une audace extrême. Ils se levèrent tranquilles comme des bourgeois qui vont porter le reste de leur sucre à leurs enfants; mais à peine furent-ils dans la rue, qu'ils se frottèrent le nez. Les diplomates habiles entendent avant qu'on leur ait parlé, il en est de même des voleurs émérites : ils se dirigèrent immédiatement vers la place de la Révolution, afin de reconnaître le monument contre lequel ils méditaient une attaque.

Particulièrement réservé aux richesses inhérentes à la couronne de France, telles que joyaux du vieux temps, cadeaux des nations étrangères, présents des seigneurs du royaume, le Garde-Meuble contenait des objets d'une valeur inappréciable ; on les avait rangés dans trois salles et symétriquement enfermés dans des armoires ; le public était admis à les visiter tous les mardis. On y voyait les armures des anciens rois et paladins, notamment celles de Henri II, de Henri IV, de Louis XIII, de Louis XIV, de Philippe de Valois, de Casimir de Pologne; et la plus admirable par le fini du travail, celle que François Ier portait à la bataille de Pavie.

A côté de ces souvenirs presque vivants de l'ancienne splendeur royale, on remarquait, sombre et menaçant, l'espadon que le pape Paul V portait lorsqu'il fit la guerre aux Vénitiens; cette arme, longue de cinq pieds, se montrait, orgueilleuse, à côté de deux bonnes petites épées du grand Henri. Ainsi la fragile et grosse branche de sureau dépasse par la taille et le poids les solides pousses d'aubépine. Deux canons damasquinés en argent, montés sur leur affût, représentaient la vanité du roi de Siam. — Dépôt plus précieux encore, les diamants de la couronne, contenus dans différentes caisses, étaient placés dans les armoires du Garde-Meuble. *Le Régent, le Sanci* et *le Hochet du Dauphin*, formaient les trois astres principaux de ce groupe d'étoiles. Des tapisseries, des chefs-d'œuvre d'art en or et en argent disposés dans les salles représentaient également une valeur de plusieurs millions.

Douligny et Chambon n'ignoraient pas ces détails : aussi furent-ils pris de fièvre en voyant qu'un tel vol n'était pas impossible. Les poteaux des lanternes s'élevaient assez près du mur et assez haut pour faciliter l'escalade par l'une des fenêtres ; il n'y avait pas le moindre corps-de-garde duquel on eût à se méfier; seulement cette équipée nécessitait le concours de quelques amis. Le premier auquel ils firent part de leur audacieux projet fut un nommé Claude-Melchior Cottet, dit le *Petit-Chasseur*, qui les exhorta à réunir l'élite de la bande, c'est-à-dire neuf de leurs camarades connus pour leur adresse et leur courage.

D'après l'interrogatoire de cet homme et d'après la déposition de plusieurs témoins au procès, il parait démontré que le premier assaut tenté contre le Garde-Meuble, dans la nuit du 15 au 16 septembre, ne rapporta aux douze associés qu'une parfaite connaissance des lieux. Ils ne purent, vu leur petit nombre et le manque absolu de pinces et de lanternes, pénétrer par la voie qui leur avait semblé praticable; à peine leur fut-il permis de s'introduire dans un pauvre petit cabinet où ils dérobèrent des pierreries de faible valeur. La partie fut remise à la nuit suivante; mais cette fois Douligny et Chambon décidèrent qu'il fallait convoquer le ban et l'arrière-ban de leurs troupes. Afin de procéder par des ruses de haute école, quelques fausses patrouilles de gardes nationaux circulant autour du Garde-Meuble pendant que les assaillants se glisseraient vers le trésor, ne leur parurent pas d'une invention trop mesquine.

Il fut en outre convenu entre les douze coquins qu'on s'adjoindrait vingt-cinq à trente filous du second ordre, auxquels on promettrait une part du butin; mais afin de ne pas être trahis, on convint de ne les instruire que lorsqu'on serait sur le terrain. On leur ordonna de s'habiller en gardes nationaux et de se pourvoir de fusils ou de sabres. Le rendez-vous était à l'entrée des Champs-Elysées; l'heure était celle de minuit; chacun fut exact.

Chambon et Douligny arrivèrent sur la place, formèrent de ceux qui étaient revêtus de l'uniforme une patrouille, chargée de rôder le long des colonnades pour donner à croire aux passants que la police se faisait exactement. Ils placèrent ensuite à toutes les issues des surveillants qui devaient donner l'alarme au moindre danger. Comme les deux chefs traversaient la place après avoir pris toutes leurs dispositions, ils trouvèrent, près du piédestal sur lequel avait été la statue de Louis XV, un jeune homme de douze à quatorze ans, qui leur inspira de l'inquiétude. Ils l'abordèrent, l'interrogèrent, et le firent consentir à rester en sentinelle à cet endroit et à pousser des cris pour attirer vers lui les personnes qui lui paraîtraient suspectes. On lui promit une récompense, sans le mettre au fait de l'expédition.

Après toutes ces précautions, Chambon grimpe le long des colonnades, en s'aidant de la corde du réverbère; Douligny le suit, ainsi que plusieurs autres. Avec un diamant, on coupe un carreau que l'on enlève et qui donne la facilité d'ouvrir la croisée par laquelle les voleurs s'introduisent dans les appartements du Garde-Meuble. Une lanterne sourde sert à les guider vers les armoires, que l'on ouvre avec les fausses clefs et les rossignols. On s'empare des boîtes, des coffres, on se les passe de main en main; ceux qui sont au pied de la colonnade reçoivent de ceux qui sont en haut. Tout-à-coup, le signal d'alerte se fait entendre. Les voleurs qui sont sur la place s'enfuient; ceux qui sont en haut se laissent glisser le long de la corde du réverbère. Douligny manque la corde, tombe lourdement sur le pavé et y reste étendu. Une véritable patrouille, qui avait aperçu la lumière que la lanterne sourde répandait dans les appartements, avait conçu des soupçons. En s'approchant, elle entend tomber quelque chose, elle court, trouve Douligny, le relève et s'assure de lui. Le commandant de la patrouille, après avoir laissé la moitié de son monde en dehors, frappe à la porte du Garde-Meuble, se fait ouvrir, et monte aux appartements avec ce qu'il a de soldats. Chambon est saisi au moment où il va s'esquiver; on le joint à son compagnon et l'on envoie chercher le commissaire.

L'officier public interroge les voleurs, qui, se trouvant pris en flagrant délit et les poches pleines, avouent avec franchise, mais ne dénoncent aucun de leurs compagnons. Au même, instant on ramasse sous la colonnade le beau vase d'or appelé *Présent de la ville de Paris.*

La fausse patrouille, à laquelle la véritable cria *Qui vive?* n'ayant pas le mot d'ordre, crut prudent d'y répondre par la fuite. Elle se dispersa dans les Champs-Elysées et dans les rues qui y aboutissent. Du nombre des voleurs qui avaient reçu des boîtes de diamants, deux se retirèrent dans l'allée des Veuves, firent une excavation au fond d'un fossé, y enfouirent leur larcin, le recouvrirent de terre et de feuilles, et se retirèrent tranquillement chez eux. Plusieurs autres allèrent déposer leur part chez des recéleurs. Le plus grand nombre se réunit sous le pont Louis XVI, et, après avoir posé un des leurs en sentinelle au dessus du pont, ils s'assirent en rond. Le plus important de la bande fit déposer au centre les coffres volés ; il en ouvrit un, y prit un diamant qu'il donna à son voisin de droite, en prit un autre pour le suivant, et ainsi de suite. Il avait soin d'en mettre d'abord un dans sa poche pour lui, et, après avoir fait le tour du cercle, d'en déposer un autre pour le camarade qui était en sentinelle. Lorsqu'un coffre était vidé, on passait à un autre. Il était en train de faire la distribution du dernier, lorsque la sentinelle donna le signal de sauve qui peut. Le distributeur jeta dans la Seine le reste des diamants à distribuer, et chacun s'échappa. Plusieurs répandirent, en fuyant, des brillants qui furent trouvés et ramassés le lendemain par des particuliers.

Averti des graves événements de la nuit, et comprenant quelles insinuations perfides ses ennemis en tireraient contre lui, le ministre Roland se rendit à l'Assemblée vers dix heures du matin et demanda la parole pour une communication urgente. — « Il a été commis, dit-il, cette nuit, un grand attentat. Ce n'est pas d'aujourd'hui qu'on s'en occupe. On a volé au Garde-Meuble les diamants et d'autres effets précieux. Deux personnes ont été arrêtées ; leurs réponses dénotent des gens qui ont reçu de l'éducation et qui tenaient à ce qu'on appelait autrefois des personnes au-dessus du commun. J'ai donné des ordres relativement à ce vol. »

Les députés frémirent d'indignation ; la Montagne fit entendre les grondements de sa colère. Le ministre, en montrant derrière les brouillards de Coblentz l'armée royaliste attendant les trésors du Garde-Meuble pour s'habiller et se nourrir, évitait parfaitement qu'on songeât au défaut de précautions qui devait retomber sur lui. Quatre députés, Merlin, Thuriot, Laporte et Lapleigne, furent nommés pour être présents à l'information.

La nouvelle de cet attentat remua tous les quartiers de Paris : le rappel fut battu ; le ministre de l'intérieur, le maire et le commandant général se réunirent et prirent des mesures pour garder les barrières ; jamais on n'avait fait tant d'honneur à de simples bandits ; il est vrai que jamais on n'avait vu un vol si considérable. Certaines rues étaient littéralement semées de pierreries, de saphirs, d'émeraudes, de topazes, de perles fines. Quelques citoyens honnêtes rapportèrent leurs précieuses trouvailles ; mais d'autres patriotes fougueux, qui avaient horreur de tout ce qui provenait de l'ancien tyran, enfouirent leur épave dans leur paillasse ou au fond de leur commode, afin que leurs yeux ne fussent pas souillés par la vue d'un métal impur.

Un pauvre homme, passant dans le faubourg St-Martin pour se rendre à son travail, trouva un de ces diamants et se hâta d'aller le restituer aux employés du Garde-Meuble. Trois jeunes enfants furent admis à la barre de l'Assemblée pour y déposer des bijoux que le hasard avait pareillement mis entre leurs mains. L'Assemblée ordonna que leurs noms seraient inscrits au procès-verbal. Des cassettes furent encore retrouvées au Gros-Caillou, rue Nationale et rue Florentin. Mais de ces différents traits de probité le plus éclatant est évidemment celui-ci : un commissaire monte chez la maîtresse d'un des voleurs ; sur sa cheminée se trouvait un gobelet rempli d'eau-forte, dans lequel elle avait mis un objet volé, afin d'en séparer l'alliage. Informée de l'arrivée du commissaire, n'ayant plus le temps de cacher le gobelet, elle le lance par la fenêtre. Une vieille mendiante passe quelques minutes après ; ses yeux collés sur le pavé rencontrent de petites étoiles qui brillent dans la boue ; elle ramasse par curiosité ces étincelles inexplicables pour elle, et, à quelques centaines de pas, elle entre chez un orfèvre, qui lui apprend que ce sont des diamants. Aussitôt elle se rend au comité de sa section, dépose sa trouvaille, demande un reçu et va mendier son pain.

Joseph Douligny et Chambon, pris en flagrant délit et surabondamment nantis de pièces de conviction, n'essayèrent pas, comme nous l'avons dit, de nier leur culpabilité ; les premiers interrogatoires que leur firent subir les juges sous l'inspiration des immenses conjectures du ministre Roland, durent singulièrement flatter ces coquins (un d'eux, Douligny, était marqué de la lettre V, voleur); pendant quelques jours ils espérèrent pouvoir se dire martyrs d'une opinion et victimes de leur courage. Il y a lieu de croire qu'ils eussent immédiatement nommé leurs complices s'ils n'avaient tenu à prolonger l'erreur de la justice. Le jugement rendu contre eux prouve jusqu'à quel point on avait admis les idées de connivence avec les royalistes ; nous citons textuellement cet arrêt, qui fut rendu le 23 septembre, après une audience continue de quarante-cinq heures :

« Vu la déclaration du jury de jugement, portant : 1º qu'il a existé un complot formé par les ennemis de la patrie, tendant à enlever de vive force et à main armée les bijoux, diamants et autres objets de prix déposés au Garde-Meuble, pour les faire servir à l'entretien et au secours des ennemis intérieurs et extérieurs conjurés contre elle ; 2º que ce complot a été exécuté dans les journées et nuits des 15, 16 et 17 septembre présent mois, et particulièrement dans la nuit du dimanche 16 au lundi 17, par des hommes armés qui ont escaladé le balcon du rez-de-chaussée et premier étage du Garde-Meuble, en ont forcé les croisées, enfoncé les portes des appartements et fracturé les armoires, d'où ils ont enlevé et emporté tous les diamants, pierres fines et bijoux de prix qui y étaient déposés, tandis qu'une troupe de trente à quarante hommes, armés de sabres-poignards et pistolets, faisaient de fausses patrouilles autour dudit Garde-Meuble, pour protéger et faciliter lesdits vols et enlèvements, lesquels ne se sont dispersés, ainsi que ceux introduits dans l'intérieur, que lorsqu'ils ont aperçu une force publique considérable et que deux d'entre eux étaient arrêtés ; 3º que les nommés Joseph Douligny et J.-J. Chambon sont convaincus d'avoir été auteurs, fauteurs, complices, adhérents desdits complots et vols à main armée, et notamment d'avoir, dans la nuit du 16 au 17 de ce mois, sous la protection desdites fausses patrouilles, escaladé le balcon dudit Garde-Meuble, d'en avoir brisé et fracturé les croisées, portes et armoires, à l'aide de limes, marteaux, vilebrequins et autres outils, de s'être introduits dans les appartements et d'y avoir pris une grande quantité de bijoux d'or, de diamants et pierres précieuses dont ils ont été trouvés nantis au moment de l'arrestation ; 4o et enfin que, méchamment et à dessein de nuire à la nation, lesdits J. Douligny et J.-J. Chambon se sont rendus coupables de tous lesdits délits, le Tribunal, après avoir entendu le commissaire national, condamne lesdits Douligny et Chambon à la peine de mort. »

Sous le coup de cette sentence, leur caractère se produisit à nu : troublés, pâles, ils déclarèrent qu'ils feraient des révélations complètes, si on voulait leur accorder la vie sauve pour récompense. Le Tribunal ne sut comment répondre à cette proposition ; le président leur dit que la Convention seule pouvait statuer sur leur demande.

Pendant ce temps, la police, aux aguets, était parvenue à retrouver, très-incomplètes encore, quelques traces des coupables qu'elle cherchait. Un citoyen du nom de Duplain avait déposé au comité de sa section que, le 16 septembre au soir, dans un café de la rue de Rohan, il avait entendu deux hommes se quereller au sujet d'un vol de diamants : l'un reprochait à l'autre sa pusillanimité qui les avait privés d'une capture importante ; il se consolait néanmoins, espérant, la nuit suivante, réitérer leur prouesse de manière à n'avoir plus rien à désirer. A cette déclaration, le citoyen Duplain ajouta le signalement de l'un des deux hommes, celui qu'il avait pu le mieux voir. On mit des agents en embuscade dans la rue de Rohan, et, le quatrième jour, on y arrêta un personnage dont l'extérieur et la physionomie se rapportaient au signalement donné. Amené au comité de surveillance, cet homme déclara se nommer Badarel et être natif de Turin; il nia les propos qu'on lui imputait, se récriant sur des doutes aussi injurieux ; mais ayant été fouillé, il fut trouvé détenteur de plusieurs pierres. Alors il avoua que le 15 septembre, deux individus, qu'il ne connaissait pas, l'avaient engagé à se rendre la nuit avec eux sur la place Louis XV, lui disant qu'il y allait de sa fortune ; ils exigèrent simplement qu'il fît le guet pendant un quart d'heure. Ces messieurs étaient si honnêtes qu'il avait cru servir des amoureux et non des voleurs. Ils étaient bientôt revenus auprès de lui, et l'avaient accompagné jusque dans sa chambre, rue de la Mortellerie, près l'hôtel de Sens. Là, que s'était-il passé tandis qu'il avait été chercher des rafraîchissements, il l'ignorait; mais le lendemain quand il fut seul chez lui, il aperçut des diamants sur la cheminée, et il fut porté à croire qu'il avait été pendant quelques heures le compagnon de deux nababs déguisés.

Cette histoire, richement brodée comme on voit, n'abusa pas un instant les juges instructeurs. Ils mirent Badarel en présence de Douligny et de Chambon; ceux-ci, désireux d'appuyer leur demande en grâce sur des faits, ne firent aucune difficulté de reconnaître Badarel.

— Mon pauvre vieux, dit Douligny, devant le président du Tribunal criminel il n'y a plus à vouloir rester blanc comme un agneau ; nous sommes pris, nous n'avons d'espoir qu'en la clémence des magistrats, et cette clémence est subordonnée à nos aveux, à notre sincérité. Tu es dans un très-mauvais cas ; veux-tu obtenir ta grâce d'avance? tu n'as qu'à te rendre avec le citoyen président sous cet arbre des Champs-Elysées au pied duquel tu as enfoui cette grande cassette. Dès que tu l'auras restituée, tu seras sûr de ne plus avoir affaire à des juges, mais à de vrais amis.

Badarel essaya bien d'envoyer Douligny à tous les diables et de prouver qu'il ne le connaissait pas, mais sa résistance ne put être de longue durée. Douligny l'exhorta si bien, lui fit de telles promesses, qu'enfin ce malheureux consentit à se rendre aux Champs-Elysées avec le président.

Ce transport de justice eut des résultats considérables ; les fouilles opérées d'après les indications de

Badarel firent découvrir 1,200,000 francs de diamants. La procédure recommença avec plus d'acharnement ; les dépositions de Douligny et de Chambon furent jugées si utiles pour éclairer les recherches et confondre les accusés, que le président du Tribunal criminel se rendit en personne à la barre de la Convention et y parla en ces termes : — Je crois de mon devoir de prévenir la Convention que, depuis vendredi, 21, la première section du Tribunal s'est occupée sans désemparer de l'interrogatoire de deux voleurs du Garde-Meuble. Pendant quarante-huit heures ils n'ont voulu donner aucun renseignement ; mais hier, lorsque la peine de mort a été prononcée contre eux, ils m'ont fait dire qu'ils avaient à faire des déclarations importantes ; ils m'ont demandé ma parole d'honneur que, pour prix de ces aveux, leur grâce leur serait accordée. Je n'ai pas cru devoir prendre sur moi une pareille promesse ; mais je leur ai dit que s'ils me disaient la vérité, je porterais leur demande auprès de la Convention nationale ; alors le nommé Douligny m'a révélé toute la trame du complot ; il a été confronté avec un de ses co-accusés non jugé ; il l'a forcé de déclarer l'endroit où étaient cachés plusieurs des effets volés. Je me suis transporté aux Champs-Elysées, dans l'allée des Veuves ; là le co-accusé m'a découvert les endroits où il y avait des objets très précieux. N'est-il pas important de garder ces deux condamnés pour les confronter encore avec les autres complices ? Mais le peuple demande leurs têtes. Que la Convention rende un décret, qu'elle le rende tout de suite ; le peuple la respecte, il se tiendra toujours dans la plus complète soumission aux ordres de l'assemblée. »

Ordonner la mort de Douligny et de Chambon, c'eût été tuer deux poules aux œufs d'or ; chacune de leurs déclarations ou plutôt de leurs dénonciations produisait quelques nouvelles découvertes. La Convention décida qu'il fallait garder ces deux voleurs pour traquer les autres.

L'un des premiers complices dont ils révélèrent le nom fut le malheureux juif Louis Lyre ; il n'avait pas aidé à commettre le vol, mais il avait acheté à vil prix une grande quantité de bijoux. Ce malheureux parlait un français mêlé d'italien qui fit beaucoup rire les juges. Ayant intégralement payé ses petites acquisitions, disait-il, il ne comprenait pas qu'on lui réclamât encore quelque chose. Après s'être égayé de son galimatias, le Tribunal le condamna à la peine de mort. On le conduisit au supplice le 13 octobre, à dix heures. Ne concevant pas qu'une spéculation heureuse fût considérée comme un crime, il marcha à la mort avec le courage que donne la paix de la conscience. Monté dans la voiture, seul avec l'exécuteur, il criait d'une voix très haute et très libre : — Fife la nazion! Il voulut parler au peuple ; la cavalerie essaya de s'y opposer, mais alors la canaille qui accompagnait les victimes à l'échafaud était souveraine; elle accorda la parole au juif.

— Messious, dit-il, ze mours innozent, ze ne zouis point volour, ze pardonne à la loi et à mes zouzes.

Mais vu qu'il se faisait tard, le bourreau le pria de se hâter.

En mesurant leurs dénonciations, et en ne les faisant que peu à peu, Douligny et Chambon espérèrent échapper à la mort, protégés qu'ils étaient maintenant par la Convention. Conformément à ces calculs, ils jetèrent quelques jours après une nouvelle proie à la justice. Ce fut cette fois leur ami Claude-Melchior Cottet, dit le *Petit-Chasseur*. Arrêté et conduit à la Conciergerie, ce dernier fut convaincu d'avoir été le sergent recruteur des fausses patrouilles. Dans la nuit du 15 au 16 septembre, il s'était rendu en costume de garde national chez le nommé Retour, chez Gallois, dit *Matelot*, et chez Meyran; il leur avait remis des pistolets destinés à protéger l'entreprise. On lui prouva, en outre, qu'il avait vendu pour 30,000 livres de perles fines. Un témoin, un nommé Joseph Picard, lequel ne tarda pas à changer son rôle de témoin contre celui d'accusé, vint déposer qu'étant encore au lit, un matin, le personnage connu sous le nom de *Petit-Chasseur* s'était rendu chez lui, afin d'acheter une paire de bottes. Le marché conclu avec la femme Picard, l'acheteur l'avait engagée à aller chercher du vin et à lui rapporter en même temps pour six sous d'eau-forte. Cette commission faite, Picard avait vu le *Petit-Chasseur* glisser quelque chose dans cette eau-forte ; mais les commissaires venant au même instant pour l'arrêter, il jeta le tout dans la rue. Alors il fut facile de reconnaître que c'étaient des diamants.

Ecrasé par les preuves et par les dépositions, Melchior Cottet fut condamné à la peine de mort. Voyant par quels moyens Douligny et Chambon avaient obtenu un sursis illimité, il imagina d'avoir recours aux mêmes ruses, et, en effet, il livra le nom de quelques complices. Mais on reconnut bientôt qu'il n'avait qu'un but : retarder le jour de son exécution. On refusa de prêter davantage l'oreille à ses déclarations interminables. Arrivé au lieu du supplice, il gagna encore deux heures par une dernière supercherie. Il demanda à se rendre au Garde-Meuble avec un magistrat, disant qu'il y allait de la fortune de la nation. Monté dans les salles, il y resta plus d'une heure et demie à parler de complots imaginaires dont il connaissait, disait-il, tous les secrets. Mais à la fin la foule impatientée refusa d'attendre plus longtemps le spectacle qui avait été promis à sa curiosité sanguinaire. En descendant du Garde-Meuble, *le Petit-Chasseur* eut beau crier : « — Citoyens, je ne suis pas coupable ; intercédez pour moi, intercédez pour moi ! » — nul ne fut accessible à la pitié, et la loi reçut son application.

Grâce aux renseignements fournis par Douligny

et Chambon, on arrêta successivement leurs principaux complices, qui furent condamnés à la peine capitale; des femmes et même un enfant, Alexandre, dit le *Petit-Cardinal*, se virent impliqués dans cette affaire, qui prit peu à peu une telle dimension, que le député Thuriot, l'un des membres de la commission de surveillance, proposa à la Convention d'autoriser le déplacement du chef du jury afin que ce dernier allât dans les endroits de la France qu'il croirait nécessaires, décernât des mandats d'amener et fît des visites domiciliaires. Cette proposition fut rejetée, parce qu'elle n'assurait pas au procès une marche assez rapide.

S'il faut en croire les révélations de Sergent, consignées dans une lettre datée de Nice-en-Piémont, du 5 juin 1834, et adressée à la *Revue rétrospective*, ce serait à lui qu'on devrait la découverte des principaux diamants de la couronne. Il raconte que pendant les débats du Tribunal criminel, alors qu'il était administrateur de la police, une mulâtresse, habituée de la tribune publique des Jacobins, vint le trouver dans son cabinet. — Que direz-vous, si je vous fais trouver les diamants? Je le puis, en amenant un homme qui a une révélation à vous faire. Je voulais le conduire au comité des recherches de l'assemblée législative, mais il ne veut faire qu'à vous sa déposition; car il vous a, dit-il, une grande obligation, et c'est par reconnaissance qu'il veut que ce soit à vous que la patrie doive d'être rentrée dans la possession de ces richesses. — Amenez-le très-promptement.

Une heure après, on introduisit dans un des salons du maire, où Sergent se trouvait seul, un quidam vêtu proprement en garde national; il était conduit par la mulâtresse. — Voilà celui dont je vous ai parlé, dit-elle, et elle s'éloigna. — Monsieur l'administrateur, dit cet homme d'une voix basse, je puis vous faire reprendre tous les diamants de la couronne ; mais il me faut votre parole que vous ne me perdrez pas.—Quoi ! lorsque vous allez rendre un service aussi important, que devez-vous craindre? ne méritez-vous pas au contraire une récompense? — Je ne puis en avoir d'autre que celle de ma vie. Dans cette affaire, mon nom ne peut être prononcé sans risquer de la perdre. — Parlez, dit Sergent surpris, je vous promets toute ma discrétion. — Vous ne me reconnaissez pas, monsieur? — Non, je ne vous ai pas vu, je crois, avant cet entretien. — Ah ! monsieur l'administrateur, donnez-moi votre parole de magistrat que vous ne me livrerez point ! — Quel mystère ! Révélez, si vous savez quelque chose de ce vol ; seriez-vous complice? Je vous sauverai... — Non, monsieur, reprit cet homme, je suis ***, le prisonnier que vous avez visité à la Conciergerie vers la la fin du mois d'août, et que vous avez eu la bonté de faire raser sur sa demande ; vous savez que j'étais condamné à mort pour fabrication de faux assignats, et que j'attendais alors, quoique sans espoir, l'issue de mon pourvoi en cassation. Les juges populaires de septembre m'ont mis en liberté, mais le Tribunal peut me faire reprendre. — Eh bien ! soyez tranquille, dit Sergent ; voyons, que savez-vous des diamants ?

Le quidam entra dans les détails les plus étendus. Une nuit qu'il feignait de dormir, il avait entendu auprès de lui des gens s'entretenir en argot du vol fameux. Il ignorait leurs noms, mais il avait appris que les diamants étaient cachés dans deux mortaises d'une grosse poutre de la charpente du grenier d'une maison de la rue de ..... — Envoyez-y promptement, ajouta-t-il ; ils ne doivent pas être encore enlevés ; mais, je vous supplie, ne parlez pas de moi dans vos bureaux.

Le récit contenu dans la lettre de Sergent est plein de trouble et de confusion, surtout à l'endroit des dates ; nous avons dû souvent l'élucider. A cette époque de 1834, Sergent, très-avancé en âge, ne commandait plus à sa mémoire ; et d'ailleurs il n'était préoccupé, comme Barère, que du soin de sa réhabilitation. Cependant sa version coïncide tout-à-fait avec le rapport de Vouland, consigné dans le *Moniteur* du 11 décembre : « — Votre comité de sûreté générale, dit Vouland, ne cesse de faire des recherches sur les auteurs et complices du vol du Garde-Meuble ; il a découvert hier le plus précieux des effets volés : c'est le diamant connu sous le nom de *Pitt* ou *Régent*, qui, dans le dernier inventaire de 1791, fut apprécié douze millions. Pour le cacher, on avait pratiqué, dans une pièce de charpente d'un grenier, un trou d'un pouce et demi de diamètre. Le voleur et le receleur sont arrêtés; le diamant, porté au Comité de sûreté générale, doit servir de pièce de conviction contre les voleurs. Je vous propose, au nom du comité, de décréter que ce diamant sera transporté à la trésorerie nationale, et que les commissaires de cet établissement seront tenus de le venir recevoir séance tenante. » Ces propositions furent décrétées. Quant à l'homme dont parle Sergent, il fut seulement présenté à Pétion, qui le fit partir pour l'armée, où, sur la recommandation du ministre de la guerre, il entra avec un grade dans un régiment de la ligne. Que devint-il? Nous l'ignorons. Seulement, plus tard, dans un compte-rendu du Tribunal en date du 26 mars 1795, ayant trait à un procès de faux assignats, on trouve parmi les accusés un nommé Durand, désigné comme étant celui aux indications duquel on doit la découverte du *Régent*. Est-ce l'homme de Sergent? On peut le supposer.

Le sort de ce *Régent* fut assez singulier : au mois d'avril 1796, on l'envoya en Prusse pour servir de cautionnement à un prêt de cinq millions. Retiré ensuite des mains des banquiers, il orna la garde de l'épée consulaire de Bonaparte.

Mais retournons à la procédure du Tribunal crimiuel. Le ministre de l'intérieur s'occupa, lui aussi, avec une grande énergie de ce prétendu complot; il dut bientôt s'apercevoir que l'esprit politique y était complétement étranger, car il devenait de plus en plus évident que les acteurs de ce drame nocturne étaient presque tous des malfaiteurs d'antécédents connus, et qu'ils avaient immédiatement cherché à réaliser à leur profit leur part du vol. Le ministre recevait lui-même les citoyens qui avaient des communications à lui faire à ce sujet. Un joaillier du nom de Gervais vint lui apprendre qu'un homme d'allure suspecte lui avait offert de lui vendre une bonne partie de diamants. On comprend avec quel empressement M. Roland pria Gervais de ne pas effaroucher ce mystérieux client; une somme de 15,000 livres, prise sur les fonds secrets, fut remise au joaillier, afin qu'il alléchât par quelques avances le vendeur. Les prévisions se réalisèrent. Moyennant quelques centaines de louis, le voleur apporta pour plus de deux cent mille livres de joyaux. Le marchand se montra de plus en plus satisfait, jusqu'à l'heure où il n'eut plus rien à attendre de ce superbe filou; alors la comédie fut terminée et notre homme mis entre les mains de la justice. Grâce à l'habileté avec laquelle M. Roland avait dirigé cette opération par l'intermédiaire de Gervais, cette seule capture valut au trésor un remboursement qu'on évalua à 500,000 livres.

Le jour que l'on vint dissoudre le Tribunal, c'est-à-dire le 29 novembre 1792, il s'occupait encore de juger un voleur du Garde-Meuble. On ne permit pas d'achever l'instruction. Le président fit venir les deux principaux coupables, Chambon et Douligny; et il leur annonça que le Tribunal cessant ses fonctions, il était à craindre pour eux que le sursis qu'ils avaient obtenu ne fût plus d'aucune force. Il leur conseilla de se pouvoir en cassation ou de s'adresser à la Convention nationale. Singulière preuve de la vérité de cet axiome : *Qui a terme ne doit rien!* Joseph Douligny et Jean-Jacques Chambon, traduits devant de nouveaux juges, en furent quittes pour quelques années de fers. Encore a-t-on prétendu que dans un des mouvements de la révolution, ces misérables trouvèrent le moyen de s'échapper des prisons.

Quelques jours avant la dissolution du Tribunal du 17 août, Thomas Payne, comparant Louis XVI à Chambon et à Douligny, s'était exprimé de la sorte au sein de la Convention : — « Il s'est formé entre les brigands couronnés de l'Europe une conspiration qui menace non-seulement la liberté française, mais encore celle de toutes les nations : tout porte à croire que Louis XVI fait partie de cette conspiration ; vous avez cet homme en votre pouvoir, et c'est jusqu'à présent le *seul de sa bande* dont on se soit assuré. *Je considère Louis XVI sous le même point de vue que les deux premiers voleurs arrêtés dans l'affaire du Garde-Meuble :* leur procès vous a fait découvrir la troupe à laquelle ils appartenaient. » — Quelle impudence et quelle folie !

Pendant longtemps on s'obstina encore à voir dans le vol des diamants un complot politique, à en juger par la teneur d'une sentence du Tribunal révolutionnaire, prononcée le 12 prairial, an II, qui condamne à mort le sieur Duvivier, âgé de soixante ans, ancien commis au bureau de l'extraordinaire, « pour avoir aidé ou facilité le vol fait, en 1792, au Garde-Meuble, afin de fournir des secours aux ennemis coalisés de la France (1). » Ce ne fut guère qu'en l'an V qu'on revint un peu de cette prévention. Par décision du conseil des Anciens, prise dans la séance du 29 pluviôse, six mille livres d'indemnité furent accordées à la citoyenne Corbin, première dénonciatrice des voleurs du Garde-Meuble. Il y a tout lieu de supposer que cette femme Corbin est la mulâtresse dont il est question dans le récit de Sergent. « Les recherches de la commission, ajoute le *Moniteur*, ont mis à même de juger que, quoiqu'en ait dit autrefois le ministre Roland, le vol du Garde-Meuble n'était lié à aucune combinaison politique, et qu'il fut le résultat des méditations criminelles des scélérats à qui le 2 sep-

---

(1) Cette procédure s'éternisa pendant tout le cours de la Révolution. La veille du jour où l'on arrêta Babœuf, on avait condamné aux fers quatre voleurs du Garde-Meuble.

tembre rendit la liberté. » C'est ce que nous avons posé en commençant.

Quoi qu'il en soit, à cette date, l'affaire de ce vol homérique était loin d'être terminée. Même aujourd'hui elle ne l'est pas encore. La soustraction des diamants a été évaluée à TRENTE-SIX MILLIONS. En 1814, il en fut restitué pour 5 millions ; l'histoire de cette restitution est même des plus intéressantes. Il y avait autrefois au Garde-Meuble un employé subalterne du nom de Charlot, qui était chargé de nettoyer les bijoux. Après le vol de la nuit du 16 septembre, un de ses amis, un sans-culotte, vint lui remettre une boîte en le priant de la garder jusqu'à ce qu'il vînt la reprendre lui-même. Peu de temps après, Charlot fut renvoyé, ainsi que toutes les personnes qui faisaient partie de l'administration du Garde-Meuble sous l'ancienne cour. Il emporta le dépôt du sans-culotte, qui ne reparut plus. Lassé de l'attendre et finissant par concevoir des soupçons, il finit un jour par forcer la serrure du petit coffre. Un flot de lumière lui sauta aux yeux, et il reconnut plusieurs diamants de la couronne. L'embarras de ce pauvre diable fut aussi grand qu'on peut le concevoir ; les rapporter, n'était-ce pas s'exposer à être pris lui-même pour le voleur, ou tout au moins n'était-ce pas risquer plusieurs mois, plusieurs années de prison préventive ? Dans cette conjoncture, il ne décida rien, ou plutôt il décida qu'il attendrait les événements ; il cacha les diamants et les garda.

Charlot se retira à Abbeville, sa ville natale; ses moyens d'existence étaient si bornés, que Mme Cordonnier, sa sœur, marchande orfèvre près le marché au blé, lui donna asile; mais le déréglement de Charlot et son penchant à l'ivrognerie obligèrent sa sœur à le renvoyer. Il alla alors occuper une très petite chambre dans un grenier, où il vécut, pour ainsi dire, des secours que lui accordaient plusieurs personnes de sa connaissance. Parmi celles qui l'obligeaient le plus fréquemment était un M. Delattre-Dumontville, qui, quoique fort peu aisé lui-même, lui prêtait souvent de petites sommes. Charlot se trouvait donc dans le plus complet dénûment, bien qu'il fût riche comme pas un négociant d'Abbeville ; et il souffrait les horreurs de la faim et du froid à côté d'une cassette renfermant cinq millions de diamants. Il est vrai que ces diamants, Charlot ne pouvait en trafiquer sans s'exposer à être reconnu comme un des spoliateurs du Garde-Meuble; d'un autre côté, les communications avec l'Angleterre étaient interdites.

La profonde misère de ce millionnaire s'accrut au point qu'il en tomba mortellement malade. Sentant sa fin très-prochaine, il dit un jour à Dumontville, qui n'avait pas cessé de lui témoigner beaucoup d'intérêt : — Ouvre le tiroir de cette table; il y a dedans une petite boite qui me fut confiée il y a bien longtemps; prends-la, et si je meurs fais-en l'usage que tu voudras. Dumontville s'en alla avec la boîte qui était fermée par un papier cacheté; le lendemain, lorsqu'il voulut monter au grenier de Charlot pour savoir de ses nouvelles, on lui apprit qu'il venait d'expirer. Rien n'empêchait plus Dumontville de briser le papier cacheté : il fut ébloui, aveuglé, Mais, aussi embarrassé que Charlot, il n'osa pendant longtemps parler à personne de son trésor; son seul plaisir était, dans un beau jour, après avoir verrouillé sa porte, de prendre les diamants dans sa main et de les mouvoir au soleil pour jouir de leur éclat. Il finit cependant, après bien des hésitations et des réticences, par s'ouvrir à un de ses parents, M. Delattre, ancien membre de l'Assemblée législative et qui avait été chargé autrefois de faire le recensement des objets volés au Garde-Meuble; il apprit de lui que les susdits diamants étaient la propriété de l'Etat. Effrayé de sa découverte, Dumontville jugea opportun de garder le silence, comme avait fait autrefois Charlot.

Ce ne fut que lors de la Restauration qu'il se hasarda à solliciter une audience de M. le comte de Blacas, ministre de Louis XVIII, et à lui remettre la précieuse cassette. M. le comte de Blacas exalta vivement sa loyauté, sa fidélité et le patriotisme pur qui l'avait guidé à conserver intact ce trésor national pour ne le déposer qu'entre les mains de ses légitimes possesseurs. Quelques mois après cette entrevue, Dumontville (il n'était alors qu'un modeste employé des droits-réunis) reçut le titre de chevalier de la Légion-d'Honneur et le brevet d'une pension de six mille francs.

Cette aventure, qui est racontée longuement par l'abbé de Montgaillard, représente, jusqu'à présent du moins, le dernier chapitre de cette procédure romanesque des Diamants de la Couronne. Je dis *jusqu'à présent*, car de nos jours plusieurs gens se bercent encore (le croirait-on?) de l'espoir de retrouver quelques-uns de ces cailloux miraculeux ; bien des plongeons ont été faits dans la Seine sous le pont Louis XVI, à l'endroit où l'on assure que les voleurs ont jeté une partie de leur éblouissant butin ; bien des poutres ont été dérangées dans les greniers des faubourgs. Mais ne peut-on pas comparer ces obstinés chercheurs d'or à ces pauvres croyants sans cesse préoccupés des millions de Nicolas Flamel, enterrés on ne sait où, ou bien encore à ces maniaques qui décousent les vieux fauteuils pour découvrir les trésors des émigrés?

JUGEMENTS RENDUS PAR LA SECONDE SECTION. — NICOLAS ROUSSEL.

Il faut maintenant revenir sur nos pas, c'est-à-dire nous reporter au lendemain du vol du Garde-Meuble, au 18 septembre. Ce jour-là, la seconde section du Tribunal criminel commença à instruire le procès de Nicolas Roussel, ancien contrôleur ambulant des barrières. Mais, avant l'ouverture de l'audience, le commissaire national donna lecture au peuple de la loi relative à la sûreté des prisonniers ; cette lecture fut suivie d'un discours du président Laveaux, dans lequel il rappela les devoirs de l'humanité et invoqua éloquemment le respect dû à l'infortune. Le public, saisi d'un bon et beau mouvement, cria tout d'une voix : — Nous jurons de respecter les accusés !

Après les désordres qui avaient signalé les procès de Montmorin et de Backmann, ce n'était pas une précaution inutile.

Nicolas Roussel, un malheureux demeurant rue Mouffetard, comparut ensuite devant les jurés ; il avoua qu'il avait fait partie pendant quelques jours des brigades contre-révolutionnaires de Collenot-d'Angremont et qu'il recevait cinquante sous par jour pour aller prêcher le royalisme dans les cafés et dans les groupes. Cela méritait bien la mort. Le 19 septembre, cet *apôtre du machiavélisme et de la tyrannie*, comme l'appelle un journal, fut conduit à la guillotine à deux heures de l'après-midi.

Dans la même journée, l'Assemblée décréta que la Commune serait tenue de choisir pour les exécutions une autre place que celle qui allait devenir la place du palais de la Convention.

Pour ne laisser échapper aucun des documents qui se rattachent à l'histoire du Tribunal du 17 août, citons un fait qui concerne directement un des ex-membres de ce tribunal. Voici ce qu'on lit dans le *Moniteur* du 20 septembre : « Le ministre de l'intérieur adresse un reproche à l'Assemblée touchant le peu de force et le peu d'exactitude que l'on met à la préservation des biens nationaux ; il se plaint qu'on répète avec scandale que le *voleur d'Aubigni* aspire à être employé dans une commission ; il assure qu'à l'avenir il ne signera aucune commission sans en connaître à fond le sujet. »

CHAPITRE VII.

CAZOTTE.—SON DERNIER MARTYRE.

Encore Cazotte ! Encore ce vieillard de soixante-quatorze ans, traqué pour un paquet de lettres confidentielles !— Eh quoi ! la Commune cherche à détourner d'elle tout soupçon de participation aux crimes de Septembre, et voilà qu'elle se montre plus féroce cent fois que les égorgeurs eux-mêmes : elle fait arrêter de nouveau et emprisonner un septuagénaire devant lequel leurs haches rougies s'étaient abaissées. Le peuple avait acquitté Cazotte ; la Commune le reprit, et le Tribunal du 17 août le reçut des mains de la Commune, donnant ainsi l'exemple de la violation d'un principe respecté de tous les jurisconsultes. — Croyaient-ils donc, ces juges sans pitié, que les deux heures d'angoisse suprême subies par Jacques Cazotte devant l'abject tribunal de Maillard n'étaient pas suffisantes pour expier ses fautes réelles ou prétendues ? Il y a dans cet acharnement après un homme en cheveux blancs quelque chose de honteusement cruel qui s'explique à peine ; ces raffinements inutiles ne peuvent appartenir qu'à une nation débordée ayant totalement perdu le sens humain.

— Respect à la vieillesse et à l'innocence ! s'étaient écriés, en présence de Cazotte et de sa fille, les tueurs de l'Abbaye. On pouvait croire que c'était aussi la devise de la Commune ; lorsqu'un ordre signé Pétion, Panis et Sergent, expédié le 13 septembre, vint arrêter pour la seconde fois Jacques Cazotte, « mis hors de l'Abbaye, sans avoir subi son jugement. »

Cazotte n'en montra point de surprise. Malgré sa récente délivrance (délivrance presque triomphale, on s'en souvient), il avait gardé un pressentiment de sa fin prochaine ; témoin le trait suivant :

Après sa sortie de l'Abbaye, ses amis vinrent le féliciter en foule ; M. de Saint-Charles fut du nombre.

— Eh bien ! vous voilà sauvé, dit-il en l'abordant.

— Je ne crois pas, répondit Cazotte.

— Comment cela ?

— Je serai guillotiné sous très-peu de jours.

— Vous plaisantez, dit M. de Saint-Charles, surpris de l'air profondément affecté du vieillard.

— Non, mon ami ; sous peu de jours, je mourrai sur l'échafaud.

Et comme on le pressait de questions, il ajouta :

— Un moment avant votre arrivée, il m'a semblé voir un gendarme qui est venu me chercher de la part de Pétion ; j'ai été obligé de le suivre. J'ai paru devant le maire, qui m'a fait conduire à la Conciergerie et de là au Tribunal. Mon heure est venue, mon ami, et j'en suis si convaincu, que j'ai mis ordre à mes affaires : voici des papiers importants pour ma femme ; je vous charge de les lui faire tenir et de la consoler.

Naturellement M. de Saint-Charles traita ces pressentiments de rêveries et ne voulut rien entendre. Il quitta Cazotte, persuadé que sa raison avait souffert par suite de l'impression des massacres. Mais lorsqu'il revint, quelques jours après, ce fut pour apprendre son arrestation.

Cette fois encore, mais non sans peine, Elisabeth

obtint de suivre son père jusqu'au Tribunal, qui commença son audience le matin du 24 pour ne la terminer que le lendemain au soir. Une multitude immense, composée en partie de femmes, remplissait l'espace réservé au public ; on remarquait aussi quelques-uns des hommes du 2 septembre qui avaient appuyé auprès de Maillard et de ses acolytes la mise en liberté de Jacques Cazotte. Celui-ci avait pour défenseur le célèbre Julienne, que nous avons vu et que nous verrons figurer plusieurs fois dans nos récits. Julienne s'est fait beaucoup connaître sous la Révolution ; d'importantes causes lui ont été confiées. « Ce n'est, dit l'auteur anonyme d'un petit dictionnaire biographique publié en 1807, ni le talent de Démosthènes, ni celui de Cicéron, ni même celui de Linguet, de Chauveau, de Belard : c'est le sien. Son style est quelquefois obscur, amphigourique, gigantesque, un peu *ivre*, si nous pouvons hasarder l'expression ; son imagination le grise. N'importe ; malgré ses défauts, qu'il fasse imprimer ce qu'il a dit pour arracher à la mort Kolli, Beauvoir et beaucoup d'autres, il obtiendra un rang distingué parmi les gens de lettres. »

— Du courage ! dit Julienne à Cazotte au moment de l'ouverture de l'audience.

Cazotte hocha la tête et répondit, mais de façon qu'Elisabeth ne pût l'entendre :

— Je m'attends à la mort, et je me suis confessé

il y a trois jours. Je ne regrette pas la vie, je ne regrette que ma fille.

On l'interrogea sur son nom, sur son âge et sur ses qualités. Après quoi, son défenseur déposa sur le bureau une protestation contre la compétence du Tribunal. Cette protestation était fondée sur ce que Jacques Cazotte ayant été acquitté et mis en liberté le 2 septembre par le peuple souverain, on ne pouvait sans porter atteinte à la souveraineté de ce même peuple procéder contre Jacques Cazotte à un jugement sur des faits pour lesquels il avait été arrêté et ensuite élargi. C'était de toute évidence. Il fallait respecter les arrêts des juges populaires ou poursuivre ces mêmes juges, si on ne voulait pas reconnaître leur autorité. « Peuple, tu fais ton devoir ! » Ces paroles fameuses de Billaud-Varennes et la présence de tant de membres de la Commune dans les prisons au moment des massacres ne consacraient-elles pas les Tribunaux souverains ? Cependant la Commune était la première aujourd'hui à infirmer les actes de ses représentants ; et quels actes encore : les actes de clémence ! Elle ne blâmait pas les bourreaux pour avoir tué, elle les blâmait pour avoir fait grâce.

Le Tribunal crut devoir ne pas s'arrêter à cette protestation et ordonna qu'il serait passé à la lecture de l'acte d'accusation, daté du 1er septembre, dressé par Fouquier-Tinville et signé par Perdrix, commissaire national. Après l'acte d'accusation, il fut donné connaissance à haute voix de la correspondance intime de Cazotte. Chaque lettre était suivie d'un interrogatoire par le président Laveaux.

Cazotte répondait avec simplicité et avec précision.

La faiblesse de son organe ayant excité les réclamations des jurés et de l'accusateur public, le Tribunal ordonna que l'inspecteur de la salle ferait disposer un siége, afin que Cazotte pût être mieux entendu. Au bout d'un quart d'heure environ, il fut placé tout auprès des jurés, ayant à sa droite sa fille, et à sa gauche son défenseur.

On le questionna beaucoup sur la secte des Illuminés, à laquelle il avait appartenu; ce fut pourquoi il demanda si *c'était comme visionnaire qu'on lui faisait son procès*. Quelques auteurs ont insinué que Laveaux, qui l'interrogeait, était lui-même un Illuminé de la secte des Martinistes, et que des signes d'intelligence avaient été échangés entre eux dès les premiers mots de l'interrogatoire. Cela ne paraît guère fondé; car Laveaux posa à Cazotte des questions tellement indiscrètes, qu'on ne comprend pas qu'elles puissent venir d'un frère d'ordre, — à moins toutefois qu'elles ne tendissent à dérouter les profanes. Mais encore une fois, cela me semble étrange. C'est ainsi qu'il lui demanda les noms de ceux qui l'avaient initié dans la secte des Martinistes.

— Ceux qui m'ont initié, répondit Cazotte, ne

sont plus en France; ce sont des gens qui séjournent peu, étant continuellement en voyage pour faire les réceptions. Je sais seulement qu'un de ceux qui m'ont reçu était il y a cinq ans en Angleterre.

Lorsqu'on arriva à la question religieuse, Cazotte établit qu'il allait régulièrement à la messe du curé constitutionnel de Pierry.

— Il est singulier, dit le président, que vous alliez à la messe d'un prêtre auquel vous ne croyez pas.

— Je le fais pour l'exemple, répondit Cazotte, et en ma qualité de maire de Pierry. Il est vrai que je ne reconnais pas le curé constitutionnel; mais Judas était à la suite de Jésus-Christ et faisait bien des miracles comme les autres apôtres.

Un autre mot qui causa diverses sensations chez les auditeurs, ce fut celui-ci :

— Qu'entendez-vous, demanda le président, par ces mots : *fanatisme* et *brigandages*, souvent répétés dans vos lettres ?

— J'entends par fanatisme l'exaltation qui règne dans tous les partis. Il y a fanatisme dans la liberté quand on passe par-dessus toute considération humaine.

Ces paroles valent un code.

On lui demanda encore des choses singulières; par exemple, *ce qu'il pensait de Louis XVI pendant les travaux de la constitution?*

— Je le regarde, répondit-il, comme ayant été

forcé dans tout ce qu'il a fait ; mais je ne peux dire s'il a fait bien ou mal, attendu que je ne suis pas juge du roi.

— Il est bien évident, dit le président, que vous étiez en correspondance avec les ennemis du dehors, puisque vous assuriez que dans trente-quatre jours juste la France serait envahie. Pourriez-vous dire quel était le nom de cet officier-général qui, entre autres, vous avait si bien instruit ?

— Me croyez-vous assez lâche pour être le dénonciateur de quelqu'un? Dussé-je obtenir le prolongement de mes vieux jours, jamais je ne consentirai à une pareille infamie !

Après quelques autres interrogations, Laveaux, qu'embarrassaient quelquefois les réponses du vieillard et qu'attendrissaient aussi les regards suppliants de la jeune fille, dit à Cazotte :

— Vous êtes peut-être fatigué ; le Tribunal est prêt à vous accorder le temps nécessaire pour prendre du repos ou quelque rafraîchissement.

— Merci, répliqua Cazotte ; je suis très-sensible à l'attention du Tribunal, mais je suis dans le cas de soutenir les débats, grâce à la fièvre qui me tient en ce moment. D'ailleurs, ajouta-t-il en souriant, plus tôt le procès sera terminé, plus tôt j'en serai quitte.... ainsi que messieurs les jurés et les juges.

Le procès continua donc.

Une de ses parentes se trouvait désignée dans la

correspondance avec Pouteau ; le président l'interpella de déclarer le nom de cette parente.

— Dans l'état où je me trouve, répondit le vieillard, je serais bien fâché d'y entraîner ma famille.

— Dites-nous du moins ce que vous avez entendu par ces mots d'une de vos lettres : « Voilà une occasion que le roi doit saisir : il faut qu'il serre les pouces au maire Pétion et le force à découvrir les fabricants de piques et ceux qui les soldent » ?

— Les lettres que je recevais m'informaient alors qu'il se fabriquait à Paris cent mille piques. Je ne vis là-dedans qu'un projet de tourner ces armes contre la garde nationale, qui suffisait pour le service et le maintien de la tranquillité publique ; ces craintes m'étaient transmises par un ami dont les intentions ne m'étaient pas suspectes. Il se peut que j'aie été mal informé, mais ce n'est pas ma faute.

Lorsque la liste des lettres fut épuisée, — il y en avait une trentaine, — et que les débats furent clos, l'accusateur Real se leva. Il parla longuement de la bonté, de la franchise et de l'énergie du peuple depuis la Révolution, des trahisons et des crimes de la cour, de la perfidie des grands. Il analysa les charges qui pesaient sur l'accusé, et, s'adressant à lui : — Pourquoi faut-il que j'aie à vous trouver coupable après soixante-douze années de loyauté et de vertu ? Pourquoi faut-il que les deux années qui les ont suivies aient été employées à méditer des projets d'autant plus criminels qu'ils tendaient à rétablir le despotisme et la tyrannie, en renversant la liberté de votre pays? La vie que vous meniez à Pierry (il y avait trente-deux ans que Cazotte s'y était retiré) retraçait les mœurs patriarcales ; chéri des habitants que vous aviez vus naître, vous vous occupiez de leur bonheur. Pourquoi faut-il que vous ayez conspiré contre la liberté de votre pays? Il ne suffit pas d'avoir été bon fils, bon époux et bon père, il faut surtout être bon citoyen.

« Pendant ce discours, qui dura une heure entière, raconte Desessarts, les yeux de Cazotte ne cessèrent pas un instant d'être fixés sur l'accusateur public ; mais on y cherchait en vain quelques signes d'agitation et de trouble : l'impassibilité la plus profonde y était peinte. Il n'en était pas ainsi de sa fille, dont les alarmes semblaient recevoir toutes les impressions du discours de Réal, et s'aggraver ou s'adoucir en proportion des sentiments qu'il exprimait; lorsqu'elle entendit ses conclusions terribles, des larmes abondantes coulèrent de ses yeux. Son père lui adressa quelques mots à voix basse qui parurent la calmer. »

Ce fut alors que Julienne commença sa défense ; il fut éloquent et sensible, il émut l'auditoire par l'exposé touchant de la vie privée de l'accusé ; il retraça l'affreuse nuit du 2 septembre, — et il demanda si un homme à qui il ne restait plus que quelques jours à exister auprès de ses semblables, n'était pas digne de trouver grâce aux yeux de la justice après avoir passé par des épreuves si cruelles; si celui dont les cheveux blancs avaient pu fléchir des assassins ne devait pas trouver quelque indulgence auprès des magistrats qu'inspirait l'humanité?

Cette plaidoirie tira des pleurs de toute l'assemblée ; Jacques Cazotte fut peut-être le seul dont elle ne put réussir à entamer le sang-froid presque divin. Sa fille reprit quelque courage en s'apercevant de l'effet produit par les paroles de Julienne. Avant la délibération des jurés, le président demanda à Cazotte s'il n'avait rien à ajouter. Cazotte argua en peu de mots des mêmes moyens présentés par la défense : — *Non bis in idem !* dit-il ; on ne peut être jugé deux fois pour le même fait ; j'ai été acquitté par jugement du peuple.

C'était l'heure où le sort du malheureux vieillard allait être décidé. On fit retirer Elisabeth de la salle d'audience et on la conduisit dans une des chambres de la Conciergerie, en l'assurant que son père viendrait bientôt l'y rejoindre. Hélas! elle l'avait vu pour la dernière fois. Reconnu coupable sur la déclaration des jurés, après vingt-sept heures d'audience, Jacques Cazotte fut condamné à la peine de mort. En entendant cet arrêt qui prenait sa tête et confisquait ses biens (d'après la loi du 30 août), il se retourna machinalement comme pour bien s'assurer que sa fille n'était pas là ; — ce fut le seul moment où l'on remarqua en lui quelque inquiétude ; — mais ne la voyant point, la sérénité reparut sur son front.

— Je sais, murmura-t-il, que dans l'état des choses, je mérite la mort. La loi est sévère, mais je la trouve juste.

La parole appartenait au président Laveaux ; il en usa pour prononcer la plus étrange et la plus emphatique des exhortations. Jean-Jacques Rousseau, dans ses mauvaises heures, ne se fût pas exprimé autrement.

— Faible jouet de la vieillesse ! s'écria-t-il, victime infortunée des préjugés, d'une vie passée dans l'esclavage ! toi dont le cœur ne fut pas assez grand pour sentir le prix d'une liberté sainte, mais qui as prouvé, par ta sécurité dans les débats, que tu savais sacrifier jusqu'à ton existence pour le soutien de ton opinion, écoute les dernières paroles de tes juges ! puissent-elles verser dans ton âme le baume précieux des consolations ! puissent-elles, en te déterminant à plaindre le sort de ceux qui viennent de te condamner, t'inspirer cette stoïcité qui doit présider à tes derniers instants, et te pénétrer du respect que la loi nous impose à nous-mêmes !... Tes pairs t'ont entendu, tes pairs t'ont condamné ; mais au moins leur jugement fut pur comme leur conscience ; au moins aucun intérêt personnel ne vint troubler leur décision par le souvenir déchirant du remords ; va, reprends ton courage, rassemble tes forces ; envisage sans crainte le trépas ; songe qu'il n'a pas droit de t'étonner ; ce n'est pas un instant qui doit effrayer un homme tel que toi.

A ces mots : *Envisage sans crainte le trépas*, Cazotte, sur qui ce discours n'avait paru produire aucune impression, leva les mains vers le ciel et sourit avec béatitude.

Laveaux continua :

— Mais, avant de te séparer de la vie, avant de payer à la loi le tribut de tes conspirations, regarde l'attitude imposante de la France, dans le sein de laquelle tu ne craignais pas d'appeler à grands cris l'ennemi... que dis-je ?... l'esclave salarié. Vois ton ancienne patrie opposer aux attaques de ses vils détracteurs autant de courage que tu lui as supposé de lâcheté. Si la loi eût pu prévoir qu'elle aurait à prononcer contre un coupable tel que toi, par considération pour tes vieux ans, elle ne t'eût pas imposé d'autre peine; mais rassure-toi : si elle est sévère quand elle poursuit, quand elle a prononcé le glaive tombe bientôt de ses mains. Elle gémit même sur la perte de ceux qui voulaient la déchirer. Ce qu'elle a fait pour les coupables en général, elle le fait particulièrement pour toi. Regarde-la verser des larmes sur ces cheveux blancs, qu'elle a cru devoir respecter jusqu'au moment de ta condamnation; que ce spectacle porte en toi le repentir; qu'il t'engage, vieillard malheureux, à profiter du moment qui te sépare encore de la mort, pour effacer jusqu'aux moindres traces de tes complots par un regret justement senti ! Encore un mot : tu fus homme, chrétien, philosophe, *initié* ; sache mourir en homme, sache mourir en chrétien ; c'est tout ce que ton pays peut encore attendre de toi. »

Cette allocution amphigourique et empreinte jusqu'à l'exagération du faux esprit sentimental du temps, laissa le public frappé de stupeur.

On était dans la soirée du 25 septembre.

Cazotte fut reconduit à la Conciergerie, où bientôt l'exécuteur se présenta pour lui couper les cheveux, qu'il avait abondants et flottants. — Je vous recommande, dit Cazotte, de les couper le plus près de la tête qu'il vous sera possible et de les remettre à ma fille.

Ensuite il passa une heure avec un prêtre.

Puis il demanda une plume et de l'encre, et il écrivit ces mots : « Ma femme, mes enfants, ne me pleurez pas, ne m'oubliez pas ; mais souvenez-vous de ne jamais offenser Dieu. »

Le *Moniteur*, qui rendit compte dans les plus grands détails (numéro du 30 septembre) de l'exécution, commence son récit en ces termes officiellement indignés : « Le glaive vient encore d'abattre une tête conspiratrice. Un vieillard de soixante-quatorze ans tramait sur le bord de sa tombe la perte et l'asservissement de sa patrie. Le ciel était aussi du complot, si on veut l'en croire ; c'est au nom du ciel et pour la cause du despotisme que Jacques Cazotte entretenait une correspondance avec les émigrés et des relations avec le secrétaire d'Arnaud de Laporte, intendant de la Liste civile ! » Après cette froide raillerie, le journal-girouette est forcé d'ajouter que « l'inaltérable sang-froid qu'il a conservé jusque sur l'échafaud, ses cheveux blancs, et plus encore les larmes de sa fille qui ne l'a point quitté, ont intéressé la sensibilité de ceux qui les ont vus. »

Il paraît que la voiture qui conduisait Cazotte s'arrêta deux fois avant de sortir du Palais ; on raconte qu'il tournait ses regards vers le peuple dont elle était remplie, et qu'il semblait vouloir lui parler. Même à un certain moment, il se fit un grand silence, qui fut rompu tout à coup par ce seul cri unanime : — Vive la nation ! « On ne peut guère que deviner les motifs de cette circonstance, écrit de *Moniteur ;* peut-être que M. Cazotte, qui avait éprouvé combien la vieillesse et le respect qu'elle inspire ont de pouvoir sur la pitié du peuple, nourrissait l'espoir de l'intéresser de nouveau en sa faveur et de pouvoir échapper à la mort. Mais cette fois, le peuple partagea l'impassibilité de la loi et ne fit aucun mouvement pour arrêter l'exécution de l'arrêt qu'elle venait de prononcer.

» Ajoutons qu'en marchant au supplice, Cazotte tint presque constamment ses yeux levés vers le ciel ; toutefois on le vit sourire en apercevant l'échafaud, et c'est là sans doute ce qui fit penser à quelques personnes qu'il était tombé en enfance.

Cette erreur n'a pas besoin d'être combattue : Cazotte conserva jusqu'au dernier moment son habituelle sérénité. Avant de livrer sa tête à l'exécuteur, il s'adressa à la foule de la place du Carrousel, et d'un ton de voix qu'il s'efforça d'élever : « —Je meurs comme j'ai vécu, cria-t-il, fidèle à Dieu et à mon roi ! »

Ainsi fut guillotiné, à sept heures du soir, celui que le *Patriote français* devait appeler le *Marat du royalisme*, — horrible injure à laquelle ne s'attendait pas ce juste et ce martyr !

Quelques mots sur sa fille sont devenus indispensables au complément de cette douloureuse trilogie dont nous avons déroulé les actes en Champagne, au fond des cachots et devant le Tribunal du 17 août, que cette seule condamnation suffirait pour flétrir éternellement. Elisabeth Cazotte, entraînée hors de la Conciergerie par des amis de son père, vécut longtemps dans les larmes et dans l'isolement.

En 1800, elle épousa M. de Plas qu'elle avait autrefois connu à Epernay. Mais le bonheur ne devait pas longtemps couronner de son auréole le front de cette noble femme. Un an après ce mariage, elle mourut dans les douleurs de l'enfantement, laissant une mémoire bénie.

CHAPITRE VIII.

PIERRE BARDOL.

La minute du jugement de Cazotte avait été signée par Coffinhal, Jaillant et Naulin. Ce Naulin, tout nouvellement entré dans le cadre des juges, était un des affidés de Robespierre.

Du 26 septembre au 10 octobre, la seconde section du Tribunal n'instruisit que des procès insignifiants : vols d'effets, rixes de cabarets. Une seule condamnation à mort fut prononcée contre un tailleur convaincu d'assassinat. Trois inculpés politiques furent acquittés : le premier était le commissaire national Bottot, suspecté d'humanité dans l'affaire de M. de Montmorin (1). Le second était M. Guérin de Sercilly, ci-devant lieutenant-criminel du bailliage de Melun, accusé d'avoir accompagné le roi à l'Assemblée législative, dans la journée du 10 août. Enfin, le troisième était M. de Louvatière, que l'on prétendait avoir vu ceint de l'écharpe municipale. — Echappé à la sévérité du Tribunal du 17 août, Louvatière succomba plus tard sous la barbarie du Tribunal révolutionnaire.

Le 10 octobre, une dramatique affaire criminelle se produisit. Une semaine environ après les massacres de septembre, le cadavre d'un homme assassiné avait été trouvé au Cours-la-Reine. Ce cadavre était celui de l'abbé Baduel.

L'abbé Antoine Baduel, ex-supérieur de la maison et communauté de Sainte-Barbe, brave prêtre, simple de caractère, n'ayant pas adopté la schismatique *constitution du clergé*, se trouvait exposé aux fureurs des révolutionnaires. Les crimes commis contre les nobles et les ecclésiastiques restés fidèles au roi ou au pape, mirent le comble à son dégoût.

---

(1) A propos de cette affaire, il parut quelque temps après un décret qui supprima les commissaires nationaux, et un second qui attribua leurs fonctions aux accusateurs publics.

Il résolut de quitter Paris et de se réfugier auprès de Pie VI.

Mais pour faire les premiers pas hors de la ville, il fallait un passeport, les routes étant infestées de commissaires et de gardes nationaux qui arrêtaient les diligences et fouillaient les voyageurs, comme s'ils eussent reçu des leçons de Cartouche ou de Mandrin, ces célèbres inspecteurs.

Des amitiés puissantes, par exemple celles de sans-culottes connus de leur section pour avoir donné des preuves de patriotisme, soit en massacrant des royalistes, soit en dénonçant leurs complots, pouvaient seules obtenir le précieux sauf-conduit; mais Antoine Baduel n'avait aucune relation avec ces lugubres favoris de la Commune. Ses intimes étaient dispersés au souffle de l'ouragan politique ou déjà moissonnés par la faucille de Sanson. Il ne devait plus fonder d'espoir que sur deux personnages : son neveu Baduel, et son cousin par alliance Pierre Bardol.

Le premier était clerc d'avoué. Il avait à peine vingt-cinq ans et tremblait sans cesse comme un octogénaire, car la peur de la guillotine lui faisait appréhender une mort très-prochaine. Quand un de ses camarades lui frappait sur l'épaule dans la rue, où il marchait les yeux collés sur le pavé, il poussait un hoquet en levant la tête et tressaillait de tout son corps. Cet inquiet personnage était arrivé de son pays juste au moment où éclatait la Révolution. Il n'osait pas s'en retourner, car sa fuite aurait pu le signaler comme indifférent, sinon comme hostile.

Le second, roué campagnard dégrossi à Paris (on verra en quel sens), se disait marchand de grains; mais en réalité son commerce n'était qu'un prétexte à emprunts et à piperies. Cependant on le voyait affilié à des patriotes si redoutables que personne n'osait divulguer ses déloyautés. L'abbé Baduel n'ignorait pas sa jactance politique, et il n'avait pour lui qu'une médiocre estime : aussi fut-ce au clerc d'avoué qu'il s'adressa d'abord.

Un soir, par une pluie battante, comme celui-ci lisait dans sa chambre les terribles nouvelles du jour, composées de quelques détails sur la marche de l'armée aux frontières et surtout d'une liste de gens arrêtés par le comité de surveillance, deux petits coups mystérieusement frappés à sa porte lui firent tomber sa feuille des mains. Il prit une cocarde aux couleurs nationales et se mit à la frotter pieusement, occupation à laquelle il se livrait toujours dès que quelqu'un venait le voir.

Un homme recouvert d'un manteau entra. C'était l'abbé Baduel. Le clerc faillit s'évanouir en le reconnaissant. Un prêtre non assermenté, mis hors la loi, se présenter à pareille heure chez un paisible citoyen, c'était vouer à l'échafaud deux victimes au lieu d'une ! Le pauvre oncle attribua l'émotion du jeune Baduel à un tout autre sentiment.

— Tu me croyais mort, s'écria-t-il; non, mon cher enfant, les monstres n'ont pas encore bu mon sang! me voici, j'ai pu enfin parvenir jusqu'à toi.

— Plus bas, mon Dieu! plus bas, je vous en supplie, ou nous sommes perdus!

L'abbé raconta comment, depuis quinze jours, il couchait à la grâce de Dieu, tantôt dans une écurie, tantôt dans une église..... Mais ce qui l'avait tourmenté le plus, c'était le désir de tranquilliser son neveu, dont il connaissait le caractère sensible et dévoué. Enfin, s'étant procuré à prix d'or des habits bourgeois, il s'aventurait ce soir-là dans les rues avant l'heure des patrouilles, et il accourait chez ce cher enfant, afin de le prier de lui rendre plusieurs services de la plus haute importance. D'abord il lui demandait asile.

Le clerc d'avoué montra sa couchette, étroite comme un cercueil. Il l'avait ainsi achetée en prévision d'une telle importunité. Tenace dans ses idées, l'abbé déclara se contenter d'une chaise. Aux objections de rhume, de courbature et d'insomnie, il répondit que ces maux étaient des douceurs comparativement à ceux qu'il avait endurés depuis un mois.

Du reste, Antoine Baduel ne comptait pas prolonger longtemps son séjour à Paris. Son départ dépendait de son neveu, car il le chargeait de lui avoir un passeport. A ce mot, il s'en fallut de peu que le jeune homme ne crût à une inconcevable raillerie. Lui qui n'osait pas approcher d'un bureau de diligences pour voir seulement arriver et partir les voitures de sa province, lui qui ne levait pas les yeux sur les passants afin de ne pas éprouver les glaciales sensations que lui causait un regard douteux, il irait solliciter un exploit de la municipalité, appeler sur lui l'attention de la police; autant valait se placer de suite dans la charrette du bourreau !

— Mon oncle, dit-il, je préfère vous avouer la vérité : moi aussi je suis effrayé par la vue du sang qui inonde les rues; moi aussi je désirerais abandonner cette ville, et j'accepterais un passeport avec joie, si je ne craignais que ce papier ne devînt une preuve de mon manque de confiance en ce gouvernement paternel !

L'abbé était loin de s'attendre à un pareil langage, car son neveu n'avait aucun motif de crainte. Sa fortune, plus que modeste, ne pouvait tenter un dénonciateur, et sa profession n'était pas de celles qui soulevaient les haines du peuple. Reconnaissant une poltronnerie dont le raisonnement n'eût pas triomphé, il se tut, et, ouvrant sa valise, il en retira ses rasoirs et sa savonnette, afin de se faire la barbe.

Mais des pas retentirent dans l'escalier. Baduel, sur un signe de son neveu, n'eut que le temps de se glisser derrière un rideau. — Bardol se présenta aux yeux égarés du jeune clerc.

Mieux valait que ce fût lui qu'un étranger, mais cependant il était sage de lui cacher autant que possible la présence d'un prêtre banni sous ce toit déjà suspect.

Bardol salua à peine son cousin, aveuglé qu'il fut par le scintillement d'un nécessaire en écaille, monté en or. Ce bijou dépendant du bagage de l'oncle, excita chez Bardol une admiration inquiétante. Il ne revenait pas de ce qu'un clerc d'avoué possédât un objet si merveilleusement travaillé. Il vit au fond une bourse assez ronde, pleine de louis, plus un portefeuille en satin blanc brodé d'or, passablement enflé d'assignats. L'examen minutieux de ces richesses lui inspira un soupçon qui prouvait jusqu'à un certain point sa mauvaise nature : il demanda à Baduel s'il n'était pas redevable de ce butin à quelque équipée contre un château. Puis, sur sa réponse tremblante et négative, remarquant la valise sous la table :

— Oh ! fit-il, ça sent bien l'aristocrate ici !

Sans songer qu'il s'exposait à compromettre son neveu, l'abbé Baduel laissa tomber le rideau et s'avança, disant d'une voix calme :

— Bonsoir, Bardol.

Ce dernier sourit et tendit la main au prêtre, déclarant qu'il n'était nullement ce qu'on paraissait croire, et qu'on avait tort de se méfier de lui. Il n'allait au club de la section et ne se ménageait des connivences avec les plus forcenés patriotes qu'afin de mieux être à même de protéger ses amis et surtout ses parents. On s'était trop hâté de le juger ; il demandait au moins qu'on lui donnât occasion d'agir : et pour commencer, si l'abbé, son cousin, avait besoin d'un homme de cœur, il se mettait entièrement à sa disposition.

Dans la situation où il se trouvait, Baduel ne pouvait guère choisir ses protecteurs. Bardol était d'un caractère entreprenant; il ne paraissait pas épouvanté par la tourmente révolutionnaire ; ses relations avec l'élite des sans-culottes laissaient présumer qu'il lui serait facile d'obtenir un passeport. Le bon prêtre accepta ces offres, et même il lui fit entendre que s'il avait un logement moins exigu que celui de son neveu, il en prendrait volontiers sa part. Bardol se montra comblé de joie par cette dernière preuve de confiance, et, après avoir vanté la largeur de son lit et le bon air de sa table, il pria Baduel d'achever promptement sa barbe.

La tournure que prenait cette affaire rassura un peu le clerc d'avoué. Il commença à trembler moins fortement, et même enhardi par l'exemple de Bardol qui d'un seul coup gagnait dans l'esprit de l'oncle tout ce qu'il perdait, lui, il essaya de lutter de prévenance et d'audace, rappelant que c'était à lui d'abord que l'hospitalité avait été demandée et disant que quant au passeport, s'il ne pouvait rien tenter par son crédit personnel, il n'était pas impossible que son patron l'avoué ne hasardât une démarche.

L'abbé se hâta de répondre qu'il ne repoussait pas la main de l'un parce qu'il prenait le bras de l'autre. Le neveu n'en demandait pas davantage : il tenait à n'être pas effacé complétement ; car il songeait à une petite fortune qu'Antoine Baduel, un jour ou l'autre, ne saurait à qui laisser.

Bardol emmena son hôte, toujours caché sous les plis du manteau et chargé de la valise. Il lui servit à souper et lui facilita un sommeil si tranquille que le bonhomme remercia Dieu d'avoir mis une oasis dans le désert de sa vie proscrite.

Mais manger et dormir n'avançaient pas d'une ligne ses projets. Il fit voir à Bardol les louis groupés dans la bourse en soie verte et les assignats du portefeuille blanc, lui expliquant qu'il n'avait consenti à se charger de ces biens terrestres que pour se rendre à Rome, où il comptait servir la messe de sa sainteté Pie VI.

Cet obligeant Bardol regardait la bourse et le portefeuille avec des yeux effrayants ; peut-être était-il tellement imbu de principes républicains que l'or, ce fumier des aristocraties, soulevait de sourdes rumeurs en son âme austère.

Enfin, après huit jours d'attente, il dit à l'abbé que le soir même il aurait sûrement un passeport ; donc, Antoine Baduel partirait le lendemain. Le clerc d'avoué se trouvait là quand cette bonne nouvelle fut apportée. Ils sortirent tous trois afin d'aller arrêter une place aux voitures de Rouen ; mais sur les sages objections de Bardol, ils le laissèrent entrer seul au bureau des messageries. Il revint en disant :

— Vous partez demain, à cinq heures du matin.

Et il prit congé d'eux sous prétexte que ses affaires l'appelaient.

L'abbé fit ses préparatifs avec bonheur. Son neveu, voulant reconquérir une amitié, compromise peut-être par des craintes égoïstes, se signala en ce moment décisif par des soins touchants. Il remplit auprès de lui l'office de perruquier et lui mit les cheveux en queue afin de dissimuler davantage sa qualité de prêtre. Après quoi il lui dit de dormir en parfaite tranquillité, se chargeant de revenir à quatre heures le réveiller, ainsi que Bardol, qui n'était pas encore de retour, quoique la soirée fût fort avancée.

En effet, à l'heure dite, le neveu arriva, mais Bardol n'était pas rentré. Ils l'attendirent en proie à une impatience cruelle. Son insistance à demander un passeport l'avait-elle compromis? Etait-il arrêté et écroué déjà dans l'une de ces prisons d'où l'on ne sortait que pour aller à la mort? Le jour parut verdâtre aux fenêtres de la chambre. L'abbé priait, le clerc réfléchissait aux terribles conséquences que pouvait avoir l'arrestation de Bardol; on ne manquerait pas de le mêler à cette affaire, et il était fort possible qu'il payât de sa tête les faibles preuves de dévouement données à un prêtre.

A dix heures, le cousin si anxieusement attendu se montra. Il avait, disait-il, passé la nuit en pourparlers et en démarches pour obtenir le passeport. Il était certain de l'avoir le lendemain, à trois heures du matin. Ce contretemps ne retardait que d'un jour le départ de l'abbé. Bardol s'engagea à obtenir des contrôleurs des messageries un transport au lendemain de la place arrêtée.

Personne ne suspecta la véracité de ces détours. Seulement le clerc d'avoué se promit bien de se dégager le plus tôt possible de sa dangereuse situation. Cependant la physionomie de Bardol n'était pas celle d'un homme qui a couru toute la nuit : il s'en fallait de beaucoup.

Il fut convenu que l'abbé et lui partiraient à pied, avant le jour, car il était prudent, disait-il, d'éviter les patrouilles et d'aller attendre la voiture en dehors de la ville. En traversant le quartier Montmartre, il devait frapper chez un de ses amis, grand citoyen, trop soucieux des affaires publiques pour dormir après deux heures du matin, et cependant assez complaisant pour aventurer un passeport moyennant une faible indemnité.

Ces ruses et ces mensonges n'avaient qu'un but ; décider l'abbé à se rendre de nuit dans les Champs-Elysées, où Bardol préméditait de l'assassiner. Il conseilla au neveu de renoncer au plaisir de les accompagner, sous prétexte qu'à pareille heure, par ces temps de méfiance extraordinaire, il fallait le moins possible troubler le silence des rues. Ce dernier ne demandait qu'un semblant de raison pour s'abstenir de cette sombre promenade ; il embrassa l'abbé, — lequel l'engagea aussi à se résigner et lui donna naïvement deux assignats de cinq livres afin de le consoler d'une peine qu'il n'éprouvait certes pas.

La nuit était noire, et les réverbères balancés au vent trouaient à peine la masse des ténèbres en répandant leur rougeâtre lueur. On ne rencontrait plus, comme autrefois, ces viveurs attardés qui, au sortir de chez les danseuses, s'en allaient cassant les vitres et rossant le guet. Les héros de ces joyeux scandales étaient la plupart couchés maintenant sur un grabat d'exil ou sur la paille des prisons. S'il s'en trouvait un seul dans ces mêmes rues, il se faufilait, pâle et déguisé en savetier peut-être, il cherchait la barrière, et ce n'était pas pour y surprendre Tonton ou Joujou endormie dans sa délicieuse folie de Boulogne ; c'était afin d'échapper aux brigands philanthropes qui ne voulaient plus qu'on portât le rouge au talon, mais au cou.

Bardol et l'abbé Baduel disparurent au sein de cet océan de ténèbres...

Le lendemain, dès les premières clartés du jour, des ouvriers de la pompe à feu de Chaillot, se rendant à leur travail, aperçurent une masse noire étendue sur le bord d'un fossé, sous une contre-allée des Champs-Elysées, vis-à-vis le bac des Invalides.

Ils s'approchèrent et reconnurent le cadavre d'un homme de cinquante ans, frappé de trois coups de couteau à la poitrine et, sans doute afin qu'il ne fût pas reconnu, la tête écrasée avec un marteau qu'on retrouva à quelque distance. Le meurtrier avait dû songer à enfouir son crime dans la Seine, ainsi que le prouvait une corde attachée aux pieds de la victime ; mais troublé probablement par les voitures des maraîchers, il s'était enfui sans avoir pu prendre toutes ses précautions.....

Les commissaires de la section des Champs-Elysées ayant examiné cette tête meurtrie, déclarèrent que c'était celle d'un abbé, ainsi que l'attestaient des vestiges de tonsure. Bientôt des échos bavards s'emparèrent de la nouvelle et la promenèrent par les rues de Paris.

Pierre Bardol sucrait son café au lait sur une charmante petite table d'acajou, dans la chambre de la citoyenne Éléonore, qui, en déshabillé blanc, donnait des gimblettes à son carlin. Il devisait joyeusement sur l'inconstance des femmes et sur la versatilité de toutes choses humaines. De la poche de son habit tomba un petit portefeuille en satin blanc brodé d'or, et ce petit portefeuille s'entr'ouvrant, il en sortit des assignats qui s'éparpillèrent comme un jeu de cartes sur le parquet.

— Oh ! dit Éléonore, je ne vous connaissais pas un portefeuille si riche !

— Vous l'avez vu en ma possession il y a plus d'un an, ma chère. Seulement je ne m'en sers pas tous les jours, craignant de l'user. Il m'a été donné par une religieuse de mon pays, qui l'avait brodé à mon intention.

— Mais ce n'est pas elle qui l'a si abondamment garni d'assignats?

— Me prenez-vous pour un gueux? dit Bardol en retirant de sa poche une bourse en soie verte au fond de laquelle sonnèrent des louis; ne m'avez-vous jamais vu non plus sans ma belle bourse?

En ce moment le jockey de Mlle Eléonore — cette demoiselle avait un jockey — entra pour demander s'il ne fallait pas promener le carlin.

— Dieu! s'écria le Crésus-Bardol, votre jockey est pitoyablement habillé! Qu'il vienne donc chez moi, je lui donnerai des nippes, à passer pour un ci-devant.....

Mlle Eléonore accepta pour son valet et son valet accepta pour lui-même avec empressement. Bardol acheva de savourer son café au lait, après quoi s'étant miré dans une glace afin d'arranger le nœud de sa cravate, il se récria sur le négligé de sa barbe. Cela ne l'empêcha point de baiser la main de la citoyenne, quand il sortit de chez elle avec le jockey, maigre personnage qui avait nom Louis Charmet.

Passant rue Bourbon-Villeneuve devant la boutique d'un perruquier, il dit au jeune drôle d'y entrer avec lui. — Le barbier et son aide prodiguaient les grâces de leur savonnette à deux clients, tandis que d'autres attendaient leur tour en s'entretenant des nouvelles. C'étaient de bons commerçants du quartier, très-effrayés au fond de l'âme, car les affaires languissaient horriblement depuis que l'esprit révolutionnaire tourmentait la nation ; mais ils s'efforçaient tous de paraître fort gais, afin que leur tristesse ne fût pas interprétée comme l'expression de leur pensée politique. On devenait si bien suspect alors pour s'être montré sans un sourire sur ses lèvres ou sans une parole de colère, suivant que les ennemis du peuple étaient écrasés ou épargnés ! Ceux qui ne pouvaient s'adonner à une gaîté factice, en étaient réduits à une fausse fureur, continuellement excitée par les prétendues menées de la réaction. Annonçait-on que deux ou trois royalistes venaient d'être exécutés, ils juraient et levaient le poing en demandant pourquoi on n'en avait pas guillotiné soixante-douze ; racontait-on les détails d'une victoire remportée par l'armée des frontières, les généraux étaient des scélérats qui trouvaient moyen de trahir, même en accomplissant tous leurs devoirs. Parmi ces pauvres bourgeois obligés de jouer le rôle de furieux, il y en avait chez qui l'habitude devenait si bien une seconde nature, que leur femme et leurs enfants étaient tout surpris de voir un beau jour cette comédie transformée en réalité. L'honnête homme, à force de hurler avec les loups, devenait loup lui-même, et il dévorait aussi férocement que les autres.

De ces fausses fureurs opposées à de faux contentements naissaient souvent des querelles qui ensanglantaient les rues et les boutiques. En ce moment, c'étaient des rieurs qui bavardaient chez le perruquier.

— Avez-vous entendu raconter, disait un grand benêt à tête de veau, la pénurie de la famille Capet au Temple?

— Elle est dans la pénurie; oh! c'est très-bien! c'est très-drôle! firent deux ou trois voix.

— Ces gens-là, n'ayant pas eu le temps de faire leurs paquets aux Tuileries, ne possèdent ni linge ni souliers; et, d'après ce qu'on dit, le tyran a la même chemise depuis quinze jours, encore n'est-ce pas à lui.

— Ah! ah! hi! hi!

On eût juré un troupeau de dindons se mettant à glousser en chœur. Bardol et le diaphane Louis Charmet ne manquaient point de faire leur partie dans ce concert.

Puis, comme cela devenait fade, on se mit à parler des mines piteuses des derniers condamnés à mort. Tandis que cette agréable causerie égayait la boutique, les barbes à faire succédaient aux barbes faites. Le tour de Bardol étant arrivé, il se plaça sur le fauteuil et livra son menton à l'inondation préalable d'une mousse blanche.

Un nouveau bavard ayant pris rang dans le cercle, se frotta les mains en disant d'un air guilleret :

— On a assassiné un abbé cette nuit, un abbé déguisé ; bien certainement c'était un *insermenté*.

— Oh ! qu'on a bien fait d'éviter cette besogne à Sanson, dit un boucher au tablier sanglant.

— Mais on l'a assassiné pour le voler, on a reconnu qu'il avait été fouillé ; ses poches étaient retournées à l'envers, et sur le sable se trouvait l'empreinte d'une valise.

Le boucher n'osa pas dire ce qu'il pensait peut-être : que tuer un conspirateur pour le voler ensuite, c'était agir selon les bons principes.

Bardol, qui avait entendu des deux oreilles, fit un mouvement sur son fauteuil et pria le barbier de ne pas appuyer la main sur sa gorge, car il suffoquait.

— En quel endroit a-t-on commis ce meurtre ? demanda le garçon de boutique.

— Aux Champs-Élysées, répondit le colporteur de nouvelles en se frottant toujours les mains.

— Et aucune patrouille n'est accourue aux cris de l'abbé ?

— Les patrouilles ont à surveiller l'intérieur de la ville ; elles ne vont pas jusqu'aux promenades désertes. Néanmoins, on est sur les traces de l'assassin.

Ces derniers mots firent tressaillir Bardol comme si on lui eût mis de la glace dans le dos.

— Qu'as-tu donc, citoyen ? lui demanda le barbier, impatienté.

— Ta serviette m'étrangle, tu l'as trop serrée autour de mon cou.

— Allons... tiens... ça va-t-il mieux ? respire donc ! on dirait que tu t'évanouis !

— Ta serviette me gêne moins ; rase-moi.

Le perruquier poursuivit son œuvre, mais arrêté à tout moment par l'agitation de Bardol, il s'écria en ricanant :

— Ah ! comme on te coupera le cou avant qu'il soit peu !

— A moi ! fit celui-ci, devenant livide.

— Oui, à toi.

— Mais pourquoi ?

— Dam ! parce que, quand on te rase, tu remues sans cesse. Oh ! oh ! voyez donc comme je lui ai fait peur au moyen de ma petite allusion ! ajouta le barbier en riant aux éclats.

— Apprends que je n'ai jamais eu peur, dit Bardol.

— C'est pour cela que tu trembles ; enfin, laisse-moi au moins achever ta joue gauche.

Ce ne fut pas sans attaquer légèrement l'épiderme qu'il put terminer son opération.

Les clients parlaient toujours de l'abbé assassiné, et, si cette conversation mettait Bardol à la torture, elle intéressait le jeune jockey Louis Charmet. En ce temps-là, on était tellement accoutumé à entendre raconter des crimes politiques, qu'un assassinat commis la nuit sur la personne d'un abbé déguisé offrait une diversion d'un puissant intérêt. Enfin, Bardol s'élança hors de cette maudite boutique, et Louis Charmet le suivit.

Le grand air dissipa son émotion si complétement, qu'il se prit à rire de ses frayeurs, se disant que, malgré les bavardages qu'il venait d'entendre, personne ne savait ni le nom du prêtre, ni celui de son meurtrier. Il lui avait écrasé le visage de façon à le défigurer, et, du reste, un très-petit nombre de citoyens de Paris connaissaient l'ex-supérieur de la communauté de Sainte-Barbe. La police n'avait aucun intérêt à rechercher l'identité de la victime ; un prêtre non assermenté (le déguisement de celui-ci indiquait sa situation vis-à-de la loi) était voué naturellement au massacre. Bardol se rassura donc, subissant à son insu cette loi providentielle qui veut que le criminel se confie à une fausse sécurité, comme le serpent repu s'endort sur le bord du chemin. Mais sa sérénité ne fut pas de longue durée.

Rentrant chez lui avec le jockey de Mlle Éléonore, il dit à ce jeune homme de s'asseoir, tandis qu'il faisait un paquet de vieilles hardes. Ce Louis Charmet, curieux comme un chien de race, examinait tout dans la chambre. Il aperçut une valise sous un rideau ; il s'en approcha.

— Vous avez une valise, vous, comme l'abbé assassiné, fit-il observer.

Bardol, troublé, feignit de n'avoir pas entendu. Louis Charmet regarda cet objet, le tourna et le retourna, jusqu'à ce que Bardol lui dit enfin :

— Ne te gêne pas, mon garçon, tu es sans doute chez toi, ici ?

— C'est que je remarquais des grains de sable sur votre valise.

— Tu es un bélître, tu ne sais ce que tu dis, murmura Bardol en se détournant.

Louis Charmet n'avait encore aucun soupçon ; mais il se formait dans son intelligence de vagues conjectures, qu'un rien pouvait changer en certitudes.

En ce moment le cousin, clerc d'avoué, entra discrètement et sans voir le jockey, qui avait fini par s'asseoir humblement dans un coin obscur :

— Eh bien ! Bardol, dit-il à voix basse, avez-vous trouvé la voiture à la barrière, cette nuit ?

Le diable se plaisait à inquiéter ce coquin. Était-ce le feu infernal qui le brûlait déjà ? A chaque instant on lui causait des sensations de damné. Il ne put imposer silence au clerc, car le regard du jockey pesait sur lui.

— Tout s'est fort bien passé, hasarda-t-il, espérant en finir par ce mot.

— La valise pesait beaucoup, n'est-ce pas? elle a dû te fatiguer énormément?

— Pas tant... que tu crois... balbutia-t-il.

— Il est vrai qu'en passant dans les Champs-Elysées, vous avez pu vous reposer tous deux. Il ne s'y trouvait personne à pareille heure?

Le clerc remarqua enfin le bouleversement de Bardol, dont les yeux demeuraient fixés sur le coin de la chambre où stationnaient deux oreilles étrangères. Machinalement il dirigea son regard timide vers le point indiqué. En apercevant le jockey, il eut un frémissement, comme s'il eût vu la guillotine tendant vers lui ses bras rouges. Ce frémissement fut interprété par Louis Charmet dans le sens des faits et des paroles qui venaient de le frapper. Il crut, à compter de ce moment, que Bardol était l'assassin de l'abbé, d'autant qu'il était certain que la valise découverte sous un rideau avait été portée aux Champs-Élysées pendant la nuit.

Le jeune Baduel attribua à sa légèreté l'effroi de Bardol. Il crut avoir dénoncé son oncle, son cousin, s'être livré lui-même. La terre lui manquait sous les pieds.

— Tiens ! voici tes hardes, va-t-en; dit Bardol à Louis Charmet en lui jetant un paquet.

Le jockey, après l'avoir remercié, mit les objets sous son bras et partit. Mais afin de s'acquitter immédiatement, sans doute, il parla au concierge et lui adressa plusieurs questions très-précises, auxquelles ce dernier répondit, d'une manière satisfaisante, il faut croire, car Louis Charmet s'esquiva promptement pour aller raconter ses grandes découvertes à la citoyenne Éléonore.......

— Ah ! Seigneur, qu'ai-je fait ? Je suis donc sourd et aveugle ! Quoi, je ne m'apercevais pas de tes signes, mon cher Bardol ! nous sommes perdus, n'est-ce pas ? ce petit scélérat va nous dénoncer comme ayant protégé une évasion nocturne; mon oncle, toi et moi, nous allons être condamnés à mort. Oh ! je savais bien que mes jours finiraient ainsi !

Telles étaient les lamentations de Baduel neveu, resté seul avec Bardol.

— Tu es une brute ! lui répondit ce dernier.

— Je serai cause de votre malheur et du mien. J'en suis au désespoir. Mais aussi, pourquoi introduire chez toi des gens de cette espèce, sans me prévenir, sans me les montrer ? Je suis myope, tu sais bien que je suis myope ! — Tiens ! Bardol, notre oncle a donc oublié sa tabatière en or !... la voici sur cette table.

— Oh! fit Bardol, c'est vrai ; ce pauvre homme, comment a-t-il pu l'oublier?

— Et ces ciseaux? Ce sont ceux avec lesquels il se faisait les ongles. Il les a laissés sur la cheminée.

— C'est bien extraordinaire, dit Bardol, ramassant ces objets et se mordant les lèvres.

— Encore ses lunettes? s'écria le clerc, étonné... Mais que signifie?...

— Il était si inquiet... Il n'avait pas la tête à lui quand nous avons quitté cette chambre.

— Cette valise n'est-elle pas la sienne? dit le clerc d'avoué, continuant ses perquisitions. Bardol, explique-moi ce mystère. Notre oncle est-il parti, oui ou non?

— Il est parti, certainement ; mais il m'a prié de lui garder ses bagages, que je dois lui expédier par une prochaine occasion..

Ces étranges explications, faites d'une voix mal assurée, plongèrent Baduel dans un océan de doutes. Réduit à des suppositions, il s'y perdit complétement; et son épouvante, déjà grande, atteignit bientôt une force incommensurable. Il demeura muet pendant un instant; puis, sans dire un mot d'adieu à son cousin, il partit, espérant par une fuite prompte échapper aux vertiges qui s'emparaient de lui. — Dans la rue, il entendit crier les nouvelles ; des gosiers fêlés, avinés, rauques, hurlaient à assourdir les passant : « Voici les détails d'un assassinat commis cette nuit aux Champs-Élysées sur la personne d'un abbé ! » Ces paroles répétées, commentées par des groupes d'oisifs et de beaux parleurs, lui laissèrent entrevoir la vérité sanglante. Il courait ahuri, chancelant, comme s'il eût été coupable de ce crime.

Cependant Louis Charmet ayant communiqué ses impressions à la citoyenne Éléonore, celle-ci en fit part à un des agents de police avec lesquels elle était en relation. Aussitôt on se transporta au domicile de Pierre Bardol et on l'arrêta. Il eut beau dire aux commissaires qu'ils étaient les instruments innocents d'une trame royaliste dirigée contre lui ; il eut beau invoquer sa vie de commerçant irréprochable et l'amitié des patriotes les plus ardents de sa section, on l'écroua à la Conciergerie.

La justice eut bientôt instruit son affaire ; il s'assit sur le terrible banc le 10 octobre.

Le Tribunal, sans se l'avouer, était heureux d'avoir à juger un véritable criminel. L'accusateur public et le président avaient déjeûné avec plus d'appétit ce jour-là. Et ils marmottaient certain bon discours qu'ils brûlaient de prononcer depuis un mois, et qu'ils avaient retenu captif au fond de leur mémoire, faute d'une occasion. Enfin on pouvait le hasarder en cette circonstance.

Bardol parut vert et jaune, tant il ressentait vivement la puissance de ses ennemis politiques en ce moment. Son cousin Baduel,—cité en qualité de témoin, ainsi que la citoyenne Éléonore, Louis Charmet et d'autres, — avait une mine tout aussi pendable, car la peur rongeait son âme innocente, et nul ne ressemble autant à un coupable que l'homme qui craint d'être interrogé.

L'acte d'accusation, formulé absolument comme notre récit, sauf nos observations personnelles, souleva à la fois le mépris et l'indignation de Bardol. Il demanda la parole, afin que les juges connussent bien l'homme qu'on avait l'audace de traîner devant eux. Nous citons textuellement : — « Je suis un citoyen des plus irréprochables, s'écria-t-il avec animation, et l'un des plus chauds partisans de la Révolution. Mes antécédents sont dignes d'éloges ; j'ai pour amis et pour protecteurs des sommités politiques prêtes à répondre de ma vie et de mes opinions. Plusieurs fois M. de Lafayette, pendant son séjour à Saint-Flour, où je demeurais alors, m'a fait l'honneur de s'asseoir à ma table. En 1790, j'ai été délégué par mes concitoyens à la fête de la fédération. A Paris, comme en Auvergne, M. de Lafayette m'invita à manger sa soupe très-souvent. Et savez-vous comment il me recevait, ce ci-devant général ? Il quittait tout le monde, il interrompait sa conversation avec des ministres, afin de venir me prendre la main. Et il n'y avait pas que lui qui m'estimât, à sa table. Je fis connaissance de M. l'abbé Fauchet et de M. l'abbé Verron, le député. Le premier, quand il fut nommé évêque du Calvados, n'ayant pas un rouge liard pour se rendre à son poste, m'emprunta deux mille écus ; le second me doit six cents livres, et encore je ne compte ni à l'un ni à l'autre les intérêts ! Voilà qui je suis, citoyens. Et c'est moi qu'on a chargé d'un crime abominable. Cette odieuse imputation ne vous prouvera que l'audace de mes ennemis, qui me persécutent parce que je ne transige pas avec le royalisme et la contre-révolution. Qu'ils se présentent, les scélérats ; ce sont eux que vous condamnerez !... »

Le commissaire national interrompit ce discours en disant qu'il fallait écouter l'accusation avant la défense. Bardol, essoufflé, reprit place sur son banc.

L'infortuné clerc, Baduel, fut interrogé le premier. Il s'évanouit deux fois. On attribua sa faiblesse à son attachement pour son oncle et à l'horreur que lui inspirait le crime. Le président en prit occasion de lui dire en langage à fleurs : « Continue, jeune homme, à fermer ton âme aux mauvais penchants et à frémir de terreur dès que le génie du mal accomplit ses forfaits, même loin de toi ! » Les deux assignats de cinq livres que lui avait donnés son oncle furent confrontés avec ceux que contenait le portefeuille en satin blanc saisi sur Bardol. On reconnut par leur numéro et leur lettre qu'ils étaient de la même série. Quant à la tabatière en or et aux autres objets, Pierre Bardol persista à dire que l'abbé les avait oubliés chez lui.

Louis Charmet et la citoyenne Éléonore n'éclairèrent pas moins la religion des juges. Mais ce furent les témoins à décharge, cités à la requête de Bardol, qui finirent de l'accabler très-involontairement.

Un certain Goutier, homme de loi,—le bourreau se disait homme de loi, alors, — éleva la voix afin de vanter les vertus et le civisme de son ami Bardol. Le commissaire national, convaincu de la mauvaise foi de ce panégyriste, requit qu'il fut transféré en la chambre du conseil, afin d'y être fouillé en présence du citoyen Dubail-Coffinhal, l'un des juges du tribunal, et du citoyen Gobert, le défenseur.

Cette inspection, minutieusement opérée, procura la saisie de diverses lettres écrites de la main de l'accusé, et adressées à ses témoins, afin de leur apprendre en quels termes ils devaient déposer.

Une dernière circonstance asséna le dernier coup sur la tête encore audacieuse de ce malheureux. Une montre en or, portant le nom de Sauvage, horloger, avait été trouvée sur lui ; on supposa qu'elle appartenait à l'abbé Baduel. Il jura l'avoir achetée depuis deux ans à un juif étranger. Mais le registre de Sauvage ayant été vérifié, on y lut, à une date peu reculée, la mention de vente de cette montre au directeur de Sainte-Barbe.

Il n'eut plus la force de parler ; ses lèvres n'articulaient pas ; une pâleur livide lui couvrait le visage.

L'accusateur public se leva, et de sa voix la plus retentissante, il résuma tous les témoignages, toutes les preuves. Il termina son réquisitoire par ces mots :

« — S'il est des hommes qui ne veulent pas croire à une Providence, qu'ils viennent à la terrible école qui s'ouvre ici sous nos yeux, qu'ils étudient tous les faits de cette affaire, qu'ils voient tous les ressorts de l'esprit humain tendus pour consommer le crime, le coupable réussir, et se déclarer ensuite par les indices les plus grossiers. A peine l'assassinat est-il commis, en effet, que l'assassin agité, poursuivi par les remords, sentant pour ainsi dire son supplice commencer, l'œil inquiet, l'esprit bourrelé, ne fait plus qu'enfanter mille projets qui se croisent, qui se détruisent (ô faconde insipide !) ; il ne peut obtenir de repos ; ce signe de réprobation qui marqua le premier coupable semble empreint sur son front, comme l'agitation et l'égarement sont dans son cœur. Ce bruit qui se répand dans la ville, cette nouvelle du meurtre qui le poursuit partout, qui retentit sans cesse à ses oreilles, lui donne un esprit de vertige ; un enfant l'accompagne, il ne fait que lui parler de cet homme assassiné qui a les pieds liés d'une corde ; il en parle sans cesse, la consternation est peinte sur son visage, etc., etc. »

Les questions ayant été posées, et les jurés ayant déclaré Bardol convaincu d'avoir assassiné Baduel, le Tribunal le condamna à la peine de mort.

En proie à un affaissement horrible, haletant comme un moribond, il n'échappa point au pathos du président.

« — Homme (*homme* est superbe !) désormais effacé par la loi du nombre des vivants, chez un peuple libre, dont la loyauté fut toujours le partage, même avant qu'il eût brisé ses fers, tu as oublié les douceurs de l'hospitalité, tu as méprisé les liens du sang, tu as méconnu les droits sacrés de l'amitié ; que dis-je?... tu as donné la mort à ton allié, à l'être faible qui s'était mis sous ta protection. Écoute sans pâlir la peine de ton crime ; veux-tu mériter *les regrets* de tes pairs qui t'ont jugé, de la loi qui t'a condamné? Veux-tu exciter la compassion dans l'âme de tes juges? *Couronne ton trépas* par une action noble et généreuse. Tu ne penses pas, sans doute, que l'opinion publique te croie seul l'auteur et l'instrument de la mort du sieur Baduel; eh bien! *élève-toi à la hauteur du républicain :* rends avant de mourir un dernier service à ta patrie, fais-lui connaître tes complices. En emportant leurs noms au tombeau, tu laisses à ton pays des monstres qu'il doit vomir; en faisant une dénonciation salutaire, tu marqueras ta mort par un acte de patriotisme; ton âme, dégagée d'un poids qui doit l'accabler, s'élèvera à sa véritable hauteur; elle ne s'occupera plus, à l'instant de se séparer de ton corps, de l'appareil du supplice, mais elle se confondra *dans les douces jouissances du bonheur qui suit toujours un acte de vertu!* »

Ses complices?... Bardol ne sut ce qu'on voulait lui dire ; il regarda stupidement ses juges et ne répondit rien. Quelques heures après, revêtu de la chemise rouge des assassins, on le conduisit à l'échafaud, et là, *un vent d'acier lui sépara l'âme du corps*, selon l'énergique expression d'un vieux chroniqueur.

CHAPITRE IX.

ÉPISODE DES TREIZE ÉMIGRÉS.

UNE COMMISSION MILITAIRE. — LA TRIPLE ALLIANCE. — COSTUME DU BOURREAU.

L'épisode des treize émigrés offre des côtés tout-à-fait touchants, et l'on se demande le motif d'un tel déploiement de barbarie envers des jeunes gens dont quelques-uns avaient à peine vingt années. Ce motif, il faut le chercher dans la nécessité où l'on se croyait être de frapper l'esprit public par des images de répression nationale. Les treize émigrés dont nous parlons avaient été pris sur les frontières, les armes à la main ; la loi était formelle : ils auraient dû être fusillés à l'endroit même de leur arrestation.—Néanmoins on les dirigea sur Paris, où ils arrivèrent le 19 octobre, un vendredi. On affecta de les transférer en plein jour à la Conciergerie, au milieu d'un nombreux et inutile cortége d'écharpes municipales. Voulait-on renouveler la scène des fiacres du Pont-Neuf, qui avait commencé les massacres des prisons ? Nous serions tenté de le croire. Une certaine agitation se manifesta, en effet, parmi le peuple qui, pendant toute la journée et même pendant une partie de la nuit, ne cessa d'entourer la Conciergerie, en réclamant la prompte mise en jugement des prisonniers, au nombre desquels on faisait perfidement circuler le nom du prince de Lambesc. Ces ruses n'eurent pas toutefois les résultats qu'on en attendait. Un décret de la Convention nationale du lendemain nomma une commission chargée de prononcer immédiatement à l'égard des treize prévenus d'émigration.

Cette commission militaire, composée de cinq membres et présidée par le général Berruyer, commandant de toutes les troupes du département de

Paris, s'assembla en audience publique au Palais-de-Justice, dans la salle du jury d'accusation. Il n'y eut aucun murmure de la part des spectateurs lorsque furent amenés les treize émigrés. — C'étaient comme nous l'avons dit, de très-jeunes gens, d'heureuse physionomie, presque tous gentils-hommes et revêtus encore de l'uniforme sous lequel ils avaient été arrêtés. L'instruction a révélé qu'ils s'étaient rendus sans résistance, et que quelques-uns d'entre eux s'étaient même jetés volontairement dans les postes français. Le premier que l'on interrogea, Dammartin-Fontenoy, répondit avec une grande douceur aux questions souvent bizarres qui lui furent posées par le général Berruyer :

— Quel âge avez-vous ?
— Près de vingt-cinq ans.
— Où serviez-vous avant de quitter la France ?
— Dans un régiment provincial que j'ai quitté en 1783 ; puis dans un régiment d'infanterie que j'ai quitté en 1785.
— Pourquoi avez-vous abandonné votre patrie dans un moment où vous pouviez la servir utilement ?
— Je n'étais plus dans le service depuis sept ans ; il y en avait trois que je voyageais : j'étais allé en Allemagne, où je comptais m'établir, et j'y étais effectivement fixé depuis deux ans.
— Vous saviez qu'il y avait eu une révolution en France ?

— Je le savais, mais je ne la connaissais pas ; *d'ailleurs, il y en a eu quatre.*

Ce mot ne parut pas produire une impression favorable sur les cinq commissaires, parmi lesquels figuraient un gendarme et un canonnier, Antoine Marly et Claude Sableau.

Le président continua avec humeur :

— Quelles armes aviez-vous lorsque vous avez été arrêté ?

— Aucune, répondit Dammartin ; quand j'ai vu la védette à dix pas de moi, j'ai jeté mon sabre.

— Quel grade aviez-vous ?

— Je n'en avais aucun ; j'étais simple hussard. Notre corps marchait sans hostilité, parce que tout Français sous les ordres des princes ne devait pas agir.

L'interrogatoire se poursuivit de la sorte, sans d'autre particularité qu'une apostrophe au moins singulière du commandant Berruyer. Impatienté de l'air calme du jeune Dammartin et de la précision de ses réponses, le général-président s'écria tout à coup :

— Parlez haut ! vous êtes ici devant la République, *car le peuple de Paris forme TOUTE la république !*

Dammartin ne répliqua pas. Après une courte délibération, les cinq commissaires prononcèrent contre lui la peine de mort. Il écouta sa sentence avec cette attention d'un homme qui écoute une chose qui le concerne peu ou point.

Celui qui lui succéda, un ci-devant capitaine au régiment d'Esterhazy, âgé de vingt-sept ans, ne fit pas moins bonne contenance. Il convint qu'il était sorti de France au mois de juin dernier, mais il ajouta pour sa justification qu'il y avait été provoqué par son père, lequel l'avait appelé sur la terre autrichienne sous prétexte de lui rendre compte des biens de sa mère. « — Là, dit-il, mon père qui occupe un haut rang dans l'armée étrangère, me força, le pistolet sur la gorge, à quitter la cocarde. Je résistai ; il me fit transférer à Luxembourg et jeter dans une prison, d'où je ne sortis qu'après avoir donné ma parole de m'attacher au régiment de Berchiny. Je n'ai jamais servi que comme volontaire, et je n'ai assisté ni à la prise de Longwy, ni à celle de Verdun. J'ai continuellement cherché tous les moyens de m'échapper, jusqu'au jour où, de mon propre mouvement, je me suis rendu, avec un domestique et un camarade, à un brigadier de chasseurs. »

Bien que raconté avec un accent de sincérité qui ne pouvait être suspect, ce drame de famille, dont les guerres politiques ont offert de nombreux exemples, laissa froide la Commission militaire.

— Citoyens, dit le général Berruyer, d'après les moyens de défense et les réponses aux interrogatoires faits à Joseph-Alexandre Dumesnil, accusé d'émigration ; et aussi d'après l'art. 3 du titre Ier de la seconde partie du Code pénal; et l'art. 1er du décret de la Convention nationale en date du 9 de ce mois, mon opinion est que ledit Dumesnil soit puni de mort.

Alexandre Dumesnil fit place à un tout jeune homme, presque un enfant, doux, résigné, qui déclara s'appeler Miranbel de Saint-Remy, et être âgé de dix-neuf ans seulement. Il avait quitté son pays par suite des menaces de ses voisins, qui voulaient incendier sa maison, — mais la Commission ne regarda pas cela comme une excuse, — et depuis deux mois il était garde du corps de MONSIEUR. Remarquons à ce sujet une facétie que crut devoir se permettre le président :

— Vous avez, dit-il à l'accusé, gardé MONSIEUR ; il aurait bien mieux valu nous l'amener.

On conviendra que le moment était mal choisi pour se permettre un jeu de mots, quelque soldatesque qu'il fût. Le jeune Miranbel crut un instant que c'était là un pronostic de clémence; il se trompait : lorsque le général et les quatre commissaires eurent suffisamment ri de leur spirituel à-propos, ils le condamnèrent à la mort d'une voix unanime. L'enfant, comme ses deux prédécesseurs, entendit son arrêt avec courage. — Un autre de vingt-un ans, Maurice Santon ; un autre encore de vingt ans et demi, Jean Béon ; les deux frères Godefroy, l'un garde-du-corps, et l'autre officier de marine; le sieur Gauthier de la Touche, conseiller au parlement de Bordeaux, et enfin le sieur Saint-Hillier subirent le même sort. Ils montrèrent tous une assurance digne des serviteurs du roi.

L'interrogatoire de Saint-Hillier fut signalé par un quiproquo qui aurait été plaisant en toute autre circonstance, et que l'adresse de l'accusé fit ressortir. On avait trouvé sur lui un mémoire portant ce titre : *Compte payé par la triple alliance*, et dans lequel on avait naturellement vu une pièce de conviction. La triple alliance ! cela était évident, ce ne pouvait être que l'alliance du duc de Brunswick, de Frédéric et de François. Les juges triomphaient. Mais Saint-Hillier, qui avait souri pendant cette explication, essaya de les désabuser par un récit que le tour aisé de son langage sut rendre intéressant :

— J'étais à Versailles, dit-il, lors des événements du 6 octobre 1789, quand le peuple, conduit par une bande de femmes, vint y chercher son roi, pour le ramener en triomphe à Paris. Je me trouvais à l'infirmerie des gardes-du-corps, lorsqu'on m'avertit des dangers qui nous menaçaient; quoique souffrant, je m'évadai par dessus les murs, en compagnie de deux de mes camarades, malades comme moi ; nous courûmes les plus grands périls et nous risquâmes de perdre vingt fois la vie dans le hasardeux chemin que nous avions adopté. Enfin, nous descendîmes dans un couvent de religieuses;

ces courageuses filles s'empressèrent de nous offrir une hospitalité dont nous avions doublement besoin, à titre de fuyards d'abord et à titre de malades ensuite. Nous demeurâmes deux jours dans cette sainte maison, au bout desquels nous résolûmes de gagner Paris. Mes deux compagnons de voyage n'avaient point d'argent, mais on conçoit que l'aventure dont nous venions d'être les héros avait resserré les liens de notre connaissance. Conséquemment je m'instituai le banquier de la compagnie, et ce fut moi qui subvins aux dépenses de la route ainsi qu'au séjour dans la capitale. Toutefois, par un sentiment de délicatesse, mes deux amis exigèrent que je tinsse une note exacte de ces dépenses ; voilà l'origine et l'histoire de ce papier trouvé sur moi, et intitulé : *Compte payé par la triple alliance*, — la triple alliance était un sobriquet dont, en badinant, nous avions affublé notre association.

Les membres de la Commission militaire avaient écouté Saint-Hillier avec une incrédulité visible. Si ingénieuse que fût cette narration, rien ne leur en garantissait la véracité. Ils tournèrent et retournèrent encore entre leurs mains le mémoire soupçonné, puis ils finirent par condamner Saint-Hillier comme ils avaient condamné les autres. — Sur ces treize émigrés, on en acquitta cependant quatre. Il est vrai que c'étaient quatre domestiques. Ces pauvres diables avouèrent qu'ils n'avaient suivi leurs maîtres à Coblentz que dans l'espoir d'être payés des gages qui leur étaient dus. Ces domestiques devaient être de la famille de Sganarelle qui s'écriait en voyant l'enfer engloutir don Juan : — Ah ! mes gages ! mes gages ! Ainsi durent-ils s'écrier à leur tour, en voyant les neuf émigrés monter à l'échafaud.

L'exécution se fit sur la place de Grève, le mardi de bon matin, en face de la grande porte de l'Hôtel-de-Ville, au-dessus de laquelle flottait l'immense drapeau orné de cette inscription : *Citoyens, la patrie est en danger*. Les neuf jeunes gens montèrent et se rangèrent à la fois sur l'échafaud ; ils conservèrent le même calme que pendant les débats et leurs regards se portèrent avec curiosité sur les croisées d'alentour. Neuf fois, le panier-cercueil disparut dans la trappe pratiquée sur un des côtés de la plate-forme. — Une gravure, qui retrace cette scène, nous montre le costume de l'exéteur et de ses aides, costume encore décent : chapeau rond, habit et culotte courte. Bientôt, on les verra adopter les modes du peuple : le bonnet rouge à large cocarde, la carmagnole et le pantalon rayé.

CHAPITRE X.

I.

ÉMEUTE DE LA PLACE DE GRÈVE. — DÉLIVRANCE D'UN CONDAMNÉ.

Sur cette même place de Grève, deux jours après l'exécution des neuf émigrés, le Tribunal du 17 août envoyait un jeune gendarme de vingt-huit ans, condamné à dix années de fers et à quatre heures de carcan. Dotel avait été convaincu de meurtre sur un soldat caserné à la Courtille, mais Dotel avait été provoqué, injurié ; la fureur seule arma son bras, et il fut homicide sans être assassin. Une foule nombreuse assistait à son exposition ; c'était pour la plupart les habitués de la salle d'audience, en qui s'était éveillée quelque compassion. On trouvait généralement l'arrêt du Tribunal trop rigoureux ; on s'empressait autour de Dotel et on le plaignait d'autant plus que sa figure contractée exprimait une vive douleur. Au bout de trois heures, il appela un gendarme et lui demanda à être détaché pour quelques besoins (texte du *Moniteur*). Le gendarme fit la sourde oreille, ce qui excita les murmures de plusieurs hommes du peuple. Dotel insista.

— Bah ! lui répondit le gendarme, vous n'avez pas plus de trois quarts d'heures à rester exposé.

Cependant le motif de ses supplications se répandait parmi les assistants, qui s'apitoyaient sur ce pauvre diable et s'irritaient de la dureté des gendarmes. Il était évident que Dotel se trouvait en proie aux plus atroces souffrances.

— Détachez-le ! détachez-le ! disait-on de toutes parts.

Les gardes ne bougèrent pas.

Alors il se fit un mouvement dans la foule. Un gros d'hommes, les uns en bourgeois et les autres en uniforme, se dirigea vers l'échafaud, en criant :

— Sa liberté! sa liberté! Nous l'aurons de force!

Au milieu du tumulte, un gendarme lança son cheval au galop pour aller requérir du renfort au corps-de-garde de la réserve. Pendant ce temps-là, on était monté sur l'échafaud.

— Des couteaux pour couper les cordes! nous n'avons pas le temps de les dénouer, disait un dragon d'environ cinq pieds six pouces, couvert de son casque et vêtu d'un habit vert à boutons à la hussarde.

Un autre militaire, qui est resté inconnu, s'exprimait chaleureusement en ces termes :

— Si Dotel était un voleur, je ne m'opposerais pas à son châtiment; mais c'est un brave garçon, je le connais, et il faut qu'il soit délivré!

La présence de ces soldats a fait croire à un coup de main prémédité. C'est possible; toutefois on n'en a jamais eu d'autres preuves.

On ne résiste pas à la foule. Après avoir reçu quelques horions, les gendarmes comprirent que ce qu'ils avaient de mieux à faire, c'était de se retirer au secrétariat de la Maison Commune et d'y dresser leur déclaration. Immédiatement après leur départ, la potence fut ébranlée, le tabouret jeté à bas, l'écriteau déchiré, et Dotel emmené par le peuple au bruit des cris accoutumés de : Vive la nation!

Cette audacieuse infraction aux lois fit quelque

sensation dans Paris. Le corps municipal chargea le procureur de la commune de poursuivre devant les tribunaux la réparation de ce délit, et arrêta que la Convention nationale serait tenue au courant des démarches opérées à ce sujet.

Je ne sache pas cependant que Dotel soit jamais retombé sous les serres de la justice ; il est supposable qu'il aura réussi à gagner la frontière. On n'a jamais pareillement entendu reparler de ses prétendus complices.

II.

LE VALET DE CHAMBRE DU ROI ET LA SENTINELLE DU TEMPLE. — DOUBLE ARRESTATION.

Personne n'ignore le dévouement du valet de chambre Cléry et les soins affectueux dont il environna Louis XVI pendant sa détention dans l'ignoble prison du Temple. Son *Journal*, publié à Londres et répandu à un nombre infini d'éditions, figure au premier rang dans toutes les bibliothèques révolutionnaires.

Un soir, vers les six heures, — c'était le 5 octobre, — Cléry, après avoir accompagné la reine dans son appartement, remontait chez le roi avec deux officiers municipaux, lorsque la sentinelle placée à la porte du grand corps-de-garde, l'arrêta tout-à-coup par le bras.

— Comment vous portez-vous, monsieur Cléry? lui-demanda-t-elle.

Cléry, un peu surpris, s'inclina poliment et fit mine de passer outre.

— J'aurais bien désiré vous entretenir quelques minutes, ajouta mystérieusement la sentinelle.

— Monsieur, parlez haut, dit Cléry effrayé; il ne m'est pas permis de parler bas à personne.

— On m'a assuré qu'on avait mis le roi au cachot depuis quelques jours et que vous étiez avec lui.

— Vous voyez bien le contraire, répliqua Cléry.

Et il s'empressa de quitter l'importune sentinelle, car chaque jour de nouveaux imprudents semblaient prendre à tâche de compromettre la sûreté de la famille royale par une indiscrète sollicitude. En outre de cette considération, Cléry se tenait perpétuellement sur ses gardes, craignant avec raison qu'on ne lui tendît des piéges.

Un des municipaux qui l'escortaient prêta l'oreille à ces quelques mots, mais il n'y trouva rien qui dût éveiller ses inquiétudes. Le second, au contraire, soutint qu'il avait entendu le froissement d'un billet. Cléry et le factionnaire, confrontés le lendemain, nièrent le fait, et l'on se contenta pour le moment de condamner ce dernier à vingt-quatre heures de prison.

Cependant cet épisode, rapporté à la municipalité, y produisit quelque agitation; on y voulut voir les traces d'un complot, et l'on déféra Alexandre-François Breton, — qui était le factionnaire en question, — au Tribunal du 17 août, afin que son procès y fût instruit. C'était un jeune homme de vingt-six ans, qui fut reconnu pour avoir appartenu à la reine, alors qu'elle habitait Versailles, ce qui parut de bon augure aux dénicheurs de conspirations.

Quant à Cléry, il ignorait tous ces détails, et il croyait cet incident vidé depuis longtemps, lorsque, le 26 octobre, pendant le dîner de la famille royale, on vint l'arrêter au Temple, en grand appareil, pour le conduire devant le Tribunal. Il sortit entre six gendarmes qui avaient le sabre à la main, et suivi d'un municipal, d'un greffier et d'un huissier, tous trois en costume. « Je passai, raconte Cléry, à côté du roi et de sa famille, qui étaient debout et consternés de la manière dont on m'enlevait. La populace rassemblée dans la cour du Temple m'accabla d'injures, en demandant ma tête. Un officier de la garde nationale dit qu'il était nécessaire de me conserver la vie, jusqu'à ce que j'eusse révélé les secrets dont j'étais seul dépositaire ; et les mêmes vociférations se firent entendre pendant ma route. »

Arrivé au palais de justice, Cléry fut mis au secret, et il y resta plusieurs heures occupé, mais en vain, à rechercher quels pouvaient être les motifs de son arrestation. Enfin, à huit heures, il parut devant ses juges. Tout lui fut expliqué lorsqu'il aperçut sur le fauteuil des accusés le jeune factionnaire soupçonné de lui avoir remis une lettre trois semaines auparavant. Les débats furent assez obscurs. Cléry objecta avec justesse que, puisqu'on avait cru entendre le froissement d'un papier, il était tout naturel de le fouiller sur-le-champ, au lieu d'attendre dix-huit heures pour le dénoncer au conseil du Temple. Alexandre Breton abonda dans ce sens. Vu le manque de preuves, ils furent tous les deux acquittés.

Le président chargea quatre municipaux, présents au jugement, de reconduire Cléry au Temple. Il était minuit. On arriva au moment où Louis XVI venait de se coucher. Néanmoins, il fut permis au zélé valet de chambre de lui annoncer cet heureux retour.

III.

DÉCADENCE DU TRIBUNAL. — IL CHERCHE A SE JUSTIFIER.

Vers cette époque, le tribunal commença à baisser ostensiblement dans l'opinion publique. Il avait été trouvé trop doux avant les journées de septembre; il fut trouvé trop cruel après. Dans la séance du 26 octobre, un membre de la Convention nationale, dont le nom est en blanc au *Moniteur*, demanda hardiment la suppression du Tribunal du 17 août, qu'il qualifia de *tribunal de sang*, en se fondant sur ce que les juges avaient récemment condamné à mort une femme prévenue de complicité dans l'affaire du Garde-Meuble, bien que le Code pénal ne portât pas cette peine pour les vols et les recels. La proposition fut ajournée au lendemain; mais le lendemain, le Tribunal criminel se rendit en corps à la barre de la Convention, où il s'exprima de la sorte, par la bouche de son président Mathieu :

— Le Tribunal criminel a eu connaissance de la proposition qui a été faite hier à son égard; ce n'est point la suppression qui l'affecte, car *il sait que les causes qui ont déterminé sa création n'existant plus*, la Convention pourrait l'ordonner ; mais ce sont les motifs qui ont appuyé cette demande.

On interrompit M. Mathieu, et plusieurs membres réclamèrent l'ordre du jour, qui fut adopté. M. Mathieu ne se découragea pas ; il revint le 28 et réitéra ses plaintes, auxquelles le président de la Convention répondit par ces mots :

— Le plus grand malheur dont puissent être accablés les hommes chargés de prononcer sur la vie de leurs semblables, est sans doute le soupçon d'arbitraire et de prévarication. La Convention examinera votre pétition. En attendant, elle vous accorde les honneurs de la séance.

Les honneurs de la séance étaient devenus chose bien banale et bien insignifiante.

—Cependant, objecta Lanjuinais, il ne me paraît pas que le Tribunal ait répondu à l'inculpation qui lui a été faite par un de nos collègues d'avoir condamné à mort pour recèlement.

Ces insinuations ébranlèrent beaucoup le crédit du Tribunal. Mal écouté à la Convention, il porta ses récriminations au club des Jacobins. Lullier fut l'orateur.

— Citoyens, dit-il, depuis longtemps le zèle du Tribunal criminel déplaît à une espèce d'hommes ennemis de la république; depuis longtemps on le calomnie; on l'a traité de *tribunal de sang*. Ce matin, nous nous sommes encore présentés à la Convention; je ne sais par quelle fatalité le président a pu se méprendre, *mais il est aussi scélérat que celui qui nous a calomniés hier!* Il a dit à la Convention : — « Le Tribunal criminel, inquiet sur sa position et craignant d'être destitué, propose d'être entendu. » On voit toute la perfidie de ces expressions. Le Tribunal ne sollicite pas sa conservation; mais il veut, en descendant du siége, rester et paraître aussi pur que lorsqu'il y est monté par le vœu du peuple » (Applaudissements).

Néanmoins, les hommes du 17 août avaient reçu un coup dont ils ne devaient pas se relever. Après avoir inutilement fatigué la Convention, ils publièrent des mémoires qu'ils répandirent à foison dans le public. Les membres du jury d'accusation se justifièrent, en particulier, dans une brochure de seize pages, devenue excessivement rare, et que nous avons pu nous procurer. « Le Tribunal du 17 août, disent-ils dans cette brochure, n'a calculé ni ses dangers, ni la courte durée de son existence ; il n'a vu que les droits du peuple et les moyens de maintenir sa liberté par des exemples de juste sévérité. Il a fait ce qu'il a pu, il l'a fait avec un zèle aussi infatigable que désintéressé. Quoi qu'on puisse dire contre le Tribunal du 17 août, on ne lui enlèvera pas le mérite d'avoir CALMÉ PARIS (c'est une prétention singulière !), vengé les atteintes portées à la liberté, et d'y avoir employé tous les moments de chaque jour et une grande partie des nuits. Il s'est tellement livré à cette partie du service public, qu'il serait impossible aux plus fortes santés de soutenir plus d'un petit nombre d'années le pénible effort d'un pareil travail. »

Une des autres objections dont on se servait pour attaquer le Tribunal, c'était, ainsi que nous l'avons vu, d'avoir prononcé la peine de mort contre les principaux voleurs du Garde-Meuble. La réponse est insuffisante et embarrassée : « On se plaint de ce que le Tribunal a condamné à la mort des hommes contre lesquels la loi ne prononce que vingt ans de fers ; le tribunal *a dû regarder* les voleurs du Garde-Meuble comme des instruments de conspiration ; il *a dû penser* que les ennemis de notre Révolution avaient convoité cette ressource pour les soulager dans leur détresse. Ils ont vu, en outre, dans l'attroupement de ces voleurs et de leurs complices, réunis en forme de patrouille armée et en uniforme, avec le mot d'ordre de la garde nationale, une circonstance tellement aggravante, qu'elle a nécessairement changé la nature du délit. Ces caractères de conspiration et d'usurpation de la force publique ont dû déterminer l'application d'une peine au-dessus de celle du vol fait avec effraction. Nous étions au centre des mouvements de la plus grande révolution que nous ayons faite ; il fallait proportionner les peines aux circonstances dont nous étions environnés, et au besoin que nous avions de remonter aux causes de ce vol, si extraordinaire, que l'on disait qu'il devait être suivi du vol du Trésor national et de l'enlèvement des bijoux, vases et effets précieux des églises de Reims et Saint-Denis. »

Au fond, le Tribunal a été dans ce procès plus sévère qu'il ne fallait l'être. Il se disculpe mal et cherche à s'appuyer sur la raison politique, qui ne le regardait pas. Il n'est pas mieux inspiré lorsqu'il s'excuse de s'être attribué la police correctionnelle. « Personne ne s'en occupait, dit-il ; où donc est la prévarication à avoir fait ce dont personne ne voulait se charger, et à l'avoir fait non-seulement d'une manière irréprochable, mais encore avec un esprit de justice et d'intérêt public digne d'un meilleur traitement? » Voilà des arguments au moins bizarres.

Cette brochure est signée : Loyseau, Fouquier-Tinville, Dobsen, Caillère de Létang, Crevel, Lebois, Guillaume Sermaize, *ci-devant Leroi* (1) et Perdrix.

---

(1) Leroi, — le marquis de Montflabert, — Dix août — et Guillaume Sermaize ne sont qu'une même personne et qu'un seul coquin. Après la suppression du Tribunal, et le 2 décembre, lorsque la Municipalité du 10 août fut remplacée par une autre sous le nom de Municipalité provisoire, Sermaize fit partie des nouveaux commissaires chargés de surveiller ou plutôt de tyranniser les augustes prisonniers du Temple. Il s'acquitta de cet emploi à la satisfaction des sans-culottes. Entre autres devoirs, il mit scrupuleusement à exécution l'arrêté de la Commune qui ordonnait d'enlever à Louis XVI tous les instruments tranchants qui se trouveraient en sa possession. Après une première perquisition opérée par ses collègues, Sermaize voulut en opérer lui-même une seconde, plus minutieuse : il se fit conduire dans l'appartement de Sa Majesté. Le roi était assis près de la cheminée, les pincettes à la main ; Sermaize lui demanda, de la part du Conseil, à voir ce qui restait dans son nécessaire ; le roi le tira de sa poche et l'ouvrit : il y avait un tournevis, un tire-bourre et un petit briquet. Sermaize se les fit remettre. — « Et ces pincettes que je tiens en main, ne sont-elles pas aussi un instrument tranchant? » lui dit le roi en lui tournant le dos.

IV.

LE TRIBUNAL REDOUTABLE.

Il y avait alors, dans la rue Culture-Sainte-Catherine, un théâtre obscur ayant nom : Théâtre du Marais, et dans l'entreprise duquel Beaumarchais était, dit-on, fortement intéressé. Le théâtre du Marais, bien que le fond de son répertoire reposât sur les pièces de Beaumarchais lui-même, faisait cependant quelquefois des excursions dans le domaine de l'actualité politique : il avait déjà donné une tragédie de Souriguière, intitulée : *Artémidor ou le roi citoyen*, tragédie franchement monarchique, où Louis XVI était peint sous les plus favorables couleurs. Il crut pouvoir persévérer dans cette voie et, quelque temps après, il représenta, sous le titre du *Tribunal redoutable*, ou *suite de Robert, chef de brigands*, un drame qui eut le pouvoir de mettre en rumeur le ban et l'arrière-ban des sans-culottes.

« On attribue cette pièce à Lamartellière, mais les principes n'en peuvent appartenir qu'à Beaumarchais, » disent les *Révolutions de Paris*.

Au premier acte, le rideau se levait sur une séance du tribunal, présidé par le brigand Robert ; premier grief, allusion irritante, sinon mal fondée. Au troisième acte, on voyait une tour dessinée sur le modèle de celle du Temple, et dans laquelle gémissait une intéressante princesse. Du reste, la contexture de la pièce n'avait pas d'autre rapport que cela avec les événements à l'ordre du jour ; ce qui n'empêcha pas Prudhomme de dénoncer le *Tribunal redoutable* comme anti-révolutionnaire et constitutionnel dans toute la force du terme. Les expressions dont il se sert sont trop réjouissantes pour que je veuille en priver mes lecteurs :
« Cet ouvrage, dit-il, est bardé de maximes sur

» les vertus d'un bon roi ; il n'est pas de sentences
» sur le bonheur de posséder un monarque ver-
» tueux qui ne soient pillées dans le ci-devant
» beau livre de *Télémaque*, aujourd'hui si vieilli,
» depuis que la journée du 10 août a prouvé que
» tous les rois, indistinctement, sont des fléaux
» sur la terre. » Je ne sais quelle rancune garde
le citoyen Prudhomme à l'auteur du *Mariage de
Figaro*, mais son nom seul le fait entrer en convulsions ; il est furieux de ses succès, il est particulièrement jaloux de sa fortune ; *sangsue gorgée,
spéculateur vorace, vampire*, telles sont les moindres épithètes dont il l'accable. Plus tard, quand
il apprend que Beaumarchais est décrété d'accusation, il laisse exhaler des cris de joie et ne regrette qu'une chose, c'est que la Convention ait
peut-être manqué de prudence en n'envoyant pas
sur-le-champ un gendarme s'assurer de sa personne.
Enfin, il pousse l'odieux jusque dans ses dernières
limites, lorsqu'après avoir annoncé qu'il ne s'en
était fallu que de six heures que Beaumarchais ne
subît à l'Abbaye le sort de tant de victimes, il
s'écrie : « Que de gens se réconcilieraient avec une
» providence présidant aux choses de ce bas
» monde, s'ils voyaient Caron de Beaumarchais
» n'échapper à la justice du peuple que pour
» tomber sous le glaive de la loi ! »

Vous êtes trop libraire, monsieur Prudhomme.

Mais revenons au *Tribunal redoutable*. A la troisième représentation de cette pièce, Gonchon, cet excentrique orateur du faubourg Saint-Antoine, se leva du milieu du parterre et interpella vivement les acteurs, selon ses habitudes. Hué par les spectateurs en masse, il s'écria en homme du 10 août : — Le premier qui m'attaque trouvera la mort ! Il se rendit ensuite auprès du directeur et lui signifia, dans des termes qui jamais ne souillèrent la bouche des Gracques, que s'il redonnait ce drame, il se faisait fort, lui, Gonchon, d'amener le *faubourg de Gloire* tout entier, pour briser les banquettes du théâtre. L'affaire alla jusqu'au club des Jacobins ; et le comité de surveillance fit à son tour mander le directeur pour l'avertir qu'il aurait à répondre des événements s'il se hasardait à rejouer le *Tribunal redoutable,* — ce qui équivalait à une interdiction absolue.

Ce n'était pas chose aisée que de faire plier Beaumarchais, l'homme qui avait le mieux tenu tête à la noblesse et au Parlement. Placé devant l'ultimatum du peuple, il ne se soumit qu'à moitié. Le *Tribunal redoutable* disparut bien, mais ce fut pour faire place, trois ou quatre jours ensuite, à *Robert le républicain,* qui était absolument la même pièce, à quelques changements près. La rage de Prudhomme s'exhala sur tous les tons. « Le théâtre du Marais, dit-il, vient de donner un exemple de ce que la cupidité et l'opiniâtreté ont de plus frappant. Le lecteur se rappelle sans doute ce que nous avons dit sur le *Tribunal redoutable;* eh bien ! malgré nos réclamations et celles d'un parterre intègre, ce théâtre n'a pas voulu perdre ses frais de costumes et de décorations. Renonçant au système liberticide qui avait présidé à la conception de cet ouvrage, il a fait refaire à neuf tout l'édifice, ou pour mieux dire l'a replâtré. L'auteur, pour justifier le titre de républicain donné à son Robert, lui fait fonder une république dont il est le chef; comme si pour changer de titre, l'État n'en était pas moins régi par le pouvoir toujours arbitraire d'un seul. »

Quoi qu'il en soit, chef de brigand ou républicain, *Robert*, malgré les fureurs des journaux, n'en attira pas moins le public; — et le courroux de Gonchon, satisfait par cette concession apparente, s'apaisa, comme sous une tiède brise du Midi s'apaise une mer agitée.

V.

M. DE SAINTE-FOY. — BARÈRE, TÉMOIN.

Un procès sur lequel les papiers du temps restent muets et qui ne se trouve pas consigné dans le *Bulletin* de R. J. B. Clément, non plus que dans son *Répertoire* (abrégé du *Bulletin*), c'est le procès de M. de Sainte-Foy, vieillard accusé d'avoir trempé dans les conspirations de la cour. M. de Sainte-Foy comparut devant le Tribunal criminel dans la dernière quinzaine de novembre et ne sauva sa vie qu'avec beaucoup de peine ; sa correspondance avec le général Dumouriez le justifiait de point en point, mais cette correspondance n'était point entre les mains des jurés : elle avait été envoyée par Dumouriez lui-même au président de la Convention, — c'était alors Barère, — qui l'avait égarée. M. de Sainte-Foy, à bout de protestations et de moyens de défense, dut invoquer le témoignage de Barère, qui reçut une assignation pour aller déposer devant les juges.

« Je me fis remplacer, raconte-t-il, au fauteuil de président, en annonçant à la Convention le motif légitime de mon absence ; elle y applaudit et j'arrivai au Palais-de-Justice à midi. Le jugement de M. de Sainte-Foy était déjà commencé ; chaque jour on appelait et on entendait des témoins. Je fus interrogé par le président, M. Paré ; après les premières formules usitées, il me demanda si je connaissais l'accusé. Je me retourne et je le vois pour la première fois. C'était un vieillard d'une belle figure ; sa physionomie fine et grave était imposante, son front chauve ; l'assurance de l'homme innocent était dans sa pose. Je répondis : — Je viens de le voir pour la première fois. — Que savez-vous relativement à la part que l'accusé a pu prendre aux événements du 10 août ? — Tout ce que je sais se réduit à la connaissance que mes fonctions de président de la Convention nationale m'ont donnée de quelques lettres. »

Barère rapporta, autant que sa mémoire très-bonne put le servir, le contenu de ces lettres, lesquelles prouvaient péremptoirement la parfaite innocence de M. de Sainte-Foy.

« Quand j'eus établi, ajoute-il, l'existence et le contenu de cette correspondance, je fus interrogé de nouveau par deux jurés qui semblaient faire naître des doutes et des présomptions sur ce que j'avais pu lire et que je venais de leur rapporter. Il paraît cependant que mes réponses parurent les satisfaire, et je sortis de l'audience. L'accusé, reconnaissant, me remercia d'une manière si sensible et si noble que je ne l'oublierai jamais. « *Oh! que la sensibilité d'un innocent accusé qui se voit appuyé et défendu est touchante!* » — C'est un spectacle que Barère aurait pu se procurer plus souvent.

M. de Sainte-Foy fut acquitté.

Paré, dont le nom vient d'être écrit, était avant la Révolution, premier clerc de Danton; il suivit son maître dans sa fortune. D'abord employé comme commissaire dans le département de la Seine, il devint ensuite secrétaire du conseil exécutif provisoire; puis, lorsque Danton fut appelé au ministère de la justice, Paré se trouva porté tout naturellement au nouveau Tribunal criminel. — Un an plus tard, il devait remplacer pendant quelque temps Garat à l'intérieur. — C'était un bel homme, doux, et dont la physionomie annonçait l'honnêteté.

VI.

SUPPRESSION DU TRIBUNAL CRIMINEL DU 17 AOUT.

Une fois la perte du Tribunal résolue, on lança un décret qui déclara ses jugements sujets à cassation. De plus, le ministre de la justice demanda que ledit Tribunal fût tenu de laisser dans le libre exercice de ses fonctions le Tribunal de police correctionnelle, des pouvoirs duquel il s'était momentanément emparé. Les juges firent la sourde oreille et continuèrent à instruire des procès de toute espèce.

Un de leurs derniers jugements condamna à douze ans de fer et à six heures d'exposition un ex-commissaire de la butte des Moulins, Stévenot, convaincu d'avoir procédé à d'illégales visites domiciliaires dans le but de s'approprier des valeurs d'argent. Cet adroit fripon, arguant d'ordres prétendus, requérait la force armée pour commettre des arrestations arbitraires.

Il importe peu de signaler les autres arrêts qui n'atteignirent que des voleurs ordinaires ou des individus coupables d'avoir tenu d'*incendiaires* propos. De vrais criminels politiques, il n'en est aucune trace ; et je me demande ce que sont devenus, après la dissolution de ce Tribunal, les détenus *sérieux*, tels que ce brigand dont le journal de Gorsas fait mention à la date du 9 novembre : « P. Laroche, natif de Saint-Flour, détenu avant le 10 août, vient d'être arrêté comme prévenu de s'être transporté il y a deux jours à la Force. Là, après avoir mis en évidence un gros bâton qui lui avait servi, dit-il, les 2, 3, 4, et 5 septembre, il ajouta qu'il lui servirait encore, car il fallait recommencer de plus belle. Il prévint ensuite un guichetier, nommé P. Sciffron, de se méfier, qu'on devait assassiner sous peu tous les concierges des prisons et les prisonniers ; mais qu'il pouvait être tranquille, et qu'il se chargeait de lui et même de l'installer concierge. Le directeur du jury d'accusation est chargé, d'après les pièces, de poursuivre cette affaire. »

C'eût été embarrasser singulièrement Lullier que de le forcer à charger un semblable bandit, son collègue dans les nuits de massacre. Et le Tribunal du 17 août s'occupait des délits de police correctionnelle afin de n'avoir pas à s'occuper des assassinats de septembre. Là-dedans aussi faut-il peut-être chercher une autre cause à sa suppression.

Toutefois est-il que, malgré le vœu presque unanime des députés, son agonie se prolongea encore une semaine ; en voici le bulletin :

Le 23, décret qui ajourne la proposition de supprimer le Tribunal criminel ;

Le 24, décret qui ajourne au lendemain le rapport sur le Tribunal criminel ;

Enfin, rapport par Garan de Coulon, suivi d'un décret à la date du 29, portant suppression du Tribunal pour le lendemain 1er décembre.

Immédiatement, c'est-à-dire le 29, vers onze heures du matin, le ministre envoya au Tribunal une expédition de ce décret. On essaya bien de demander une prorogation, sous le prétexte d'une cause intéressante dont les débats devaient commencer le 30 et qui était susceptible de durer peut-être quarante-huit ou cinquante heures. A cet effet, Desvieux, accompagné de plusieurs gendarmes, « jaloux, dit le *Bulletin* de Clément, de témoigner leur gratitude et leur civisme, » fut député vers la Convention. Mais la Convention, impatientée, passa à l'ordre du jour. Desvieux revint au Palais-de-Justice avec ses gendarmes consternés. Il était huit heures du soir. Sur-le-champ, le Tribunal criminel du 17 août déclara que ses fonctions étaient finies. Toutefois, il ne voulut pas se séparer sans protester un peu amèrement contre le décret de suppression ; et Lullier, demandant la parole, prononça le discours suivant :

« Citoyens, nommé par le peuple, ce Tribunal en a eu la force et l'énergie.

» Toutes les autorités ont paru devant nous, sans aucune acception particulière, parce que nous n'avons connu que l'égalité. Mais un caractère de justice aussi prononcé, en nous faisant redouter de cette classe d'hommes farouches qui tendent sans cesse à la suprématie et qui n'usent de la puissance du peuple que pour l'asservir ; ce caractère, dis-je, devait faire de tous ces hommes des ennemis cruels pour le Tribunal. En effet, vous avez vu la calomnie verser sur nous ses poisons subtils et dangereux ; mais vous étiez là ; vous avez applaudi à nos travaux, et, fiers de vos suffrages, nous avons méprisé la calomnie.

» Aujourd'hui, citoyens, le Tribunal est supprimé ; mais, toujours dignes de vous, toujours dignes de nous-mêmes, nous dédaignons de regarder en arrière la main qui nous a frappés. La loi a parlé, nous suspendons nos fonctions ; c'est à vous de juger de quelle manière nous les avons remplies (1). »

Ainsi tomba, après un exercice de trois mois, ce Tribunal érigé par Robespierre et par la Commune ; il servit à préparer le véritable Tribunal révolutionnaire, le Tribunal du 10 mars ; il servit à essayer les hommes sur lesquels pouvaient compter les terroristes ; et ses actes, encore masqués d'un semblant de justice, furent le prélude

---

(1) Voici un portrait de Lullier, qui fut publié au moment de sa candidature à la mairie : « Lullier a été cordonnier, établi rue du Petit-Lion. Sa qualité ne serait pas à considérer, mais elle indique l'habitude du travail des mains et l'éloignement de celui de l'esprit ; il est sans éducation, il n'a fait aucune étude ; il est ignorant, vindicatif, violent, emporté à l'excès. Après des égarements de jeunesse, il s'est fait homme de loi en 1789. Dans les mois de juillet et d'août, il s'est donné de grands mouvements dans la section du Bon-Conseil, et il a été nommé accusateur public d'une section du Tribunal du 17 août ; il suffit de l'entendre parler pour juger de son ignorance. Il paraît s'abandonner au vin... Voilà le maire proposé par Robespierre aux Jacobins ; ce sera Robespierre qui sera maire pour Lullier. »   (*Patriote français.*)

du grand système de représailles révolutionnaires qui devait, quatre mois plus tard, commencer à embrasser la France tout entière.

FIN.

NOTES

DOCUMENTS JUSTIFICATIFS ET ERRATA.

INTRODUCTION. Page 6. *Cazotte et Sombreuil, ces deux pères que leurs filles n'ont pu sauver qu'une fois.* Ce n'est pas sur la place de la Révolution, c'est sur la place de la Réunion (du Carrousel) que Cazotte a été exécuté. Le désir de grouper les victimes les plus fameuses dans ce tableau-vision m'a fait commettre volontairement cette erreur, qui n'existe pas du reste dans le récit circonstancié que j'ai fait de la mort de Cazotte. Voir page 236 et suivantes.

—

Page 10. *Les Révolutionnaires de maintenant semblent vouloir imiter les Révolutionnaires de jadis.* Cette introduction et une partie de l'*Histoire du Tribunal révolutionnaire* ont été écrites et imprimées avant le 2 décembre 1851. Destiné à se produire dans des circonstances difficiles, ce livre se ressent peut-être, en de certains passages, de la passion alors courageuse qui l'a inspiré.

—

Page 16. *Une brochure très-curieuse parue l'an dernier à Arras.* C'est une Notice sur la vie et les écrits de Robespierre, par M. J. Lodieu, ancien sous-commissaire national en 1848.

—

Page 52. Théophile Mandar est mort à Paris, le 2 mai 1823. Il avait été revêtu, en 1793, du titre de commissaire national du Conseil exécutif de la République française. La Convention lui accorda une gratification de 1,500 francs.

Malgré son exaltation, cet homme n'était pas entièrement dépourvu de bon sens et d'humanité. On trouve à la suite de son poëme en prose intitulé *le Génie des siècles*, un discours prononcé en septembre 1792 contre les journées des 2, 3 et 4.

Théophile Mandar a laissé en manuscrit deux ouvrages : *la Gloire et son Frère*, et *le Phare des Rois*, poëme en seize chants ; c'est dans *le Phare des Rois* que se trouve le chant du *Crime*, qui en fit défendre l'impression en 1809. M. A. Mahul parle ainsi de cet ouvrage : « Quelqu'un qui en a entendu lire des fragments, assure qu'on y remarque parfois des pensées fortes, exprimées avec concision, mais qu'on y trouve aussi de l'incohérence et des incorrections fréquentes. On prétend que Napoléon, ayant lu des passages de ce poëme, désira voir l'auteur et finit par lui témoigner qu'il ne reconnaissait pas en lui *l'homme du manuscrit*. » Cela n'aurait guère été poli de la part de Napoléon.

En 1814, l'empereur Alexandre, qui alors accueillait volontiers les hommes que leurs opinions libérales avait rendus ennemis du gouvernement napoléonien, permit que l'auteur du *Phare des Rois* lui fût présenté.

Sur la fin de ses jours, Théophile Mandar était tombé dans l'indigence.

Je trouve dans un pamphlet, publié en l'an VIII et attribué à Rosny (de Versailles) ce portrait assez dur : « Voilà un de ces hommes qui ont le plus à se plaindre de l'ingratitude de leur siècle ; de ces aigles qui, tandis qu'ils planent dans les nues, ne songent pas que leur pourpoint est troué, que leurs souliers sont déchirés, leur chemise sale, que leur femme souffre et que leurs enfants meurent de faim. Théophile Mandar fut un des trois premiers membres du Comité religieux, un des trois fondateurs de la secte théo-philanthropique, avec les citoyens Haüy et Chemin le libraire. Ce fervent apôtre d'une religion naturelle et tolérante a donné la

Théorie des insurrections, ouvrage qui, dans les circonstances où il a paru (1793), eût pu faire beaucoup de mal, s'il eût été aperçu et si les insurrecteurs savaient lire. Joignons à cet ouvrage *le Lendemain des Conquêtes et de la Souveraineté du Peuple.* » Ce dernier ouvrage n'est qu'une traduction de l'anglais.

Page 57. *Vous nous avez promis justice, vous nous la rendrez.* Une autre version vient s'ajouter à celle du *Patriote Français* et à celle du *Moniteur*. Suivant l'*Auditeur national* (numéro du samedi, 18 août, page 4), l'orateur aurait dit, en s'adressant à l'*Assemblée* : « Vous étiez assis quand le peuple était debout, et il semble que vous vous soyez bornés à considérer son attitude. Ressouvenez-vous de cette vérité : quand l'écolier est plus grand que le maître, tant pis pour le maître ! »

Page 58. *Les costumes des membres du Tribunal seront les mêmes* que ceux des autres membres des Tribunaux. C'est ce costume *à la général* sur lequel s'égaie Fournel dans son *Histoire du Barreau de Paris pendant la Révolution*, et dont s'étaient tant moqués les *Actes des Apôtres*, deux ans auparavant. Les juges avaient un grand chapeau à panache, ce qui donna lieu aux vers suivants :

> Du mot panache, chenapan
> Est l'exact anagramme.
> Tout vieux qu'est ce mot gallican,
> Comme il fait épigramme!
> Que les panaches de ce temps
> Ressemblent bien aux chenapans!

(*Actes des Apôtres*, t. 16, p. 84, édit. in-12.)

Page 73. *Ce Mathieu ne fit que passer à travers le Tribunal; au bout de quelques séances on ne retrouve plus son nom.* Il y a ici une erreur. Nous reverrons M. Mathieu plusieurs fois, et surtout dans les dernières séances de novembre.

—

Page 74. Quelques extraits de l'*Histoire du Tribunal révolutionnaire* ayant paru dans les journaux, il m'est arrivé une réclamation de M. Maton de la Varenne, fils de l'historien de ce nom. M. Maton de la Varenne redoutant pour la mémoire de son père les interprétations que l'on pouvait faire de cette qualification d'*avocat des voleurs*, je me suis empressé de déclarer à M. de la Varenne, dont je comprenais les justes susceptibilités, que j'avais voulu simplement désigner par cette expression un de nos plus excellents criminalistes, honnête homme au premier degré et auteur d'écrits anti-révolutionnaires fort estimés, fort consultés surtout.

Cette circonstance m'a mis à même d'apprendre que M. Maton de la Varenne père a laissé de précieux et volumineux manuscrits. L'*Histoire particulière des événements qui se sont passés dans l'année 1792*, etc., ne serait qu'un fragment échappé à cette collection. La Bibliothèque royale est impardonnable de ne pas avoir acquis depuis longtemps ces pièces importantes, amassées par le courageux avocat au péril de ses jours, et dont la plupart comblent bien des lacunes indiquées par Deschiens.

—

Page 78. Des deux frères de Coffinhal, l'un devint procureur du roi; l'autre fut fait baron de l'Empire, maître des requêtes et conseiller à la Cour de cassation. Louis XVIII l'autorisa à ne porter que le nom de M. le baron Dunoyer.

—

Page 89. Il faut remarquer, en passant, que les mots les plus caractéristiques de la Révolution partent tous de Collot-d'Herbois. Je m'occupe depuis longtemps d'une étude assez vaste sur ce personnage.

—

Page 92. *La demande fut renvoyée à la Commission et convertie en décret.* Voici la teneur de ce décret, proposé par Hérault et adopté immédiatement :

« 1° L'accusé aura pendant douze heures seulement en communication la liste des témoins.

» 2° L'interrogatoire secret est supprimé; l'accusé paraîtra seulement devant le président, ou le juge commis par lui, en présence de l'accusateur public et du greffier, pour déclarer s'il a fait choix d'un conseil ou en recevoir un d'office.

» 3° L'accusé conférera avec son conseil à l'instant même où il aura été entendu.

» 4° La loi relative aux récusations motivées ou non motivées aura lieu dans son intégrité; mais les récusations ne pourront avoir lieu que dans le délai de trois heures.

» 5° Les membres du jury qui ont fait leur service dans une affaire, ne pourront être employés dans la suivante; leurs noms ne seront placés dans l'urne que pour le tirage subséquent.

» 6° Le délai de trois jours entre le jugement et l'exécution n'étant accordé que pour donner le temps au condamné de se pourvoir en cassation, et cette faculté étant supprimée par la loi du 17 août, le délai entre le jugement et l'exécution n'aura pas lieu. »

En outre, le surlendemain, et sur la demande du Tribunal, le Conseil général de la Commune décida que les défenseurs officieux des criminels de lèze-nation ne pourraient être admis qu'avec un certificat de probité délivré par leur section, et que les conférences entre l'accusé et le défenseur seraient publiques. — De quoi se mêlait le Conseil général de la Commune?

Cet arrêté fut affiché et envoyé aux prisonniers.

Page 121. *La guillotine fut déclarée en permanence.* Cependant on retirait le couteau tous les soirs.

Page 150. A l'Assemblée nationale, des citoyens vinrent réclamer contre le jugement qui acquittait M. de Montmorin. Ils furent renvoyés au ministre de la justice. « Ils se rendirent chez lui, raconte le *Courrier des 83 départements*; M. Danton leur remit un ordre provisoire pour ne point relaxer M. de Montmorin; munis de cette pièce, ils revinrent au greffe. Enfin, un d'eux, dont on ne peut faire trop l'éloge, est monté sur un banc dans le couloir du Tribunal; il a rendu compte à ses concitoyens de ce qui avait été fait, et après avoir lu la note du ministre de la justice dont ils connaissaient le patriotisme, il les a invités, au milieu des plus vifs applaudissements, à attendre dans le calme une décision légale. Son vœu a obtenu le succès qu'il méritait. » (Tome XII, page 8.)

Quoi qu'il en soit, le lendemain encore, le peuple n'était pas bien remis de son émotion: il se porta à la Conciergerie, et parut croire à une évasion de M. de Montmorin. Il fallut que des commissaires, autorisés par le Tribunal, vinssent rassurer la foule, pour qu'elle se retirât paisiblement. C'était le 1er septembre.

Page 160. *Voir à la fin du volume le récit de l'accusation*

Réal. (Note au bas de la page.) D'abord, c'est *l'accusateur* et non *l'accusation* qu'il faut lire.

En 1795, Réal fit paraître un journal qu'il intitula : *Journal de l'opposition;* le deuxième numéro contient un long article à propos de l'organisation du Tribunal révolutionnaire Sur la question des délibérations à haute voix, il cite les faits relatifs au procès de Backmann :

« J'étais accusateur public au Tribunal du 17 août; c'est le premier Tribunal révolutionnaire qui ait été établi. Le 2 septembre 1792, *excidat*! j'étais sur le siége; Mathieu présidait. Le Tribunal jugeait Backmann, major des Suisses. L'instruction durait depuis trois jours et deux nuits. Un coup de canon fait tressaillir tout l'auditoire : c'était le canon d'alarme. Nous continuons tranquillement l'instruction. Elle était terminée; les jurés se rendaient dans la chambre des délibérations, lorsque des cris affreux, etc., etc.

» Backmann se réfugie au fond de la salle; nous le couvrons de nos corps. Nous voulons parler à ces furieux ; c'est en vain que nous approchons d'eux ; les cris : « A bas! » nous empêchent d'entendre. Nous remontons avec précipitation sur nos siéges; là, debout, couverts, la main tendue, nous renouvelons le serment de mourir à notre poste. Ce mouvement, cette action nous obtiennent le silence de l'étonnement ; nous en profitons pour faire entendre à ces furieux que les jurés délibèrent dans ce moment sur le sort de l'accusé, qu'ils doivent attendre avec respect leur décision, et que dans tous les cas, nous périrons plutôt que de souffrir qu'il soit fait la moindre violence à l'accusé. Chose étrange! on nous écoute...

» Les jurés disent qu'ils sont prêts à donner leur déclaration. Ils sont obligés d'aller aux voix en présence les uns des autres, dans la salle des délibérations qui restait libre. Déjà une boule blanche était en faveur de l'accusé; trois sur douze pouvaient l'acquitter. Un autre juré se présente, et, après avoir déclaré le fait constant, saisit une boule blanche pour prononcer sur la question intentionnelle. Quelques-uns des jurés frémissent.—Que faites-vous? lui dit-on ; quand même un troisième juré serait de votre avis, vous ne sauveriez pas l'accusé ; il serait mis en pièces, et vous feriez égorger avec lui les juges et les jurés !

» Les réflexions, les bruits affreux qu'on répandait, les hurlements qu'on entendait, le firent hésiter un instant ; mais bientôt : — Je n'ai qu'une conscience, dit-il, et je sais mourir. Puis, après avoir mis la boule blanche : — S'il s'en trouve un troisième, ajouta-t-il avec émotion, soyez tranquilles, j'irai déclarer au peuple que c'est moi qui ai sauvé l'accusé !

» J'aurais bien quelque envie de dire ici comment le Tribunal empêcha les septembriseurs de sabrer le condamné; comment Backmann remerciait bien naïvement, bien sincèrement le Tribunal de ce qu'il le faisait guillotiner; mais tout cela me mènerait trop loin. »

—

Page 179. Le lendemain des massacres de Septembre, on écrivit sur la porte de l'Abbaye la strophe suivante :

> Toi que l'avenir fera naître,
> Fille du Temps, Postérité,
> Toi qui seule un jour dois connaître
> L'impartiale vérité ;
> A ton tribunal redoutable
> Tu démasqueras le coupable,
> Tu feras briller la vertu.
> Mais quand tu verras tant de crimes,
> Tant de bourreaux, tant de victimes,
> Postérité, que diras-tu ?

L'auteur de ces vers était un pauvre cordonnier, nommé François.

(*Arabesques populaires*. Paris, 1832.)

—

Page 171. *J'avoue que j'hésite à adopter cette version monstrueuse.* Une lettre, datée de Saint-Germain et signée de M. le baron de Saint-Pregnan, insiste sur la triste épisode du verre de sang bu par Mlle de Sombreuil, épisode que pour l'honneur de l'humanité j'avais essayé de révoquer en doute. M. de Saint-Pregnan a eu l'obligeance de me transmettre sur cette horrible scène des détails qui devront faire autorité. « Vous semblez douter, écrit M. de Saint-Pregnan, que Mlle de Sombreuil ait bu du sang, au 2 septembre, pour racheter la vie de son digne père des mains des bourreaux. J'ai beaucoup connu Mlle de Sombreuil, alors qu'elle était mariée à M. le comte de Villelume. Après le baptême du duc de Bordeaux où j'étais député, je partis avec elle pour Avignon, où M. de Villelume commandait l'Hôtel des Invalides ; au moment où nous changions de chevaux dans une petite ville de Bourgogne, le sous-préfet du lieu se présente à notre voiture, et, après le compliment d'usage, il offre à Mme de Villelume, qu'il connaissait, trois ou quatre bouteilles de vin blanc. A peine en route, je lui fais cette demande : — Pourquoi ne vous a-t-on offert que du vin blanc dans un pays où le vin rouge est si bon ? — C'est, me répondit-elle, parce que quand je fus forcée de boire du sang pour sauver mon père, il était mêlé avec du vin rouge, et que depuis lors je ne puis en boire. — Cette réponse me parut si simple qu'il ne fut plus question de ce fait le reste du voyage, ni dans aucune occasion pendant que j'ai été de la société habituelle de Mme la comtesse de Villelume-Sombreuil. »

Le respectable signataire de cette lettre, qui fixe un point historique jusqu'à présent incertain, a été maire d'Avignon sous l'Empire, sous la Restauration et sous Louis-Philippe. Il en remplissait encore les fonctions en 1835.

La poésie a célébré sous plusieurs formes le dévouement de Mlle de Sombreuil. — Citons un beau vers de Legouvé :

> Faut-il qu'au meurtre, en vain, son père ait échappé ?
> *Des brigands l'ont absous, des juges l'ont frappé !*

Mais soit qu'il ne crût point au verre de sang, soit qu'il désespérât de rendre une pareille image en termes supportables, Legouvé se tait sur cette circonstance. — Dans ses premières odes, M. Victor Hugo n'a pas reculé devant cette difficulté :

> S'élançant au travers des armes :
> Mes amis, respectez ses jours !
> — Crois-tu nous fléchir par les larmes ?
> — Oh ! je vous bénirai toujours !
> C'est sa fille qui vous implore ;
> Rendez-le moi, qu'il vive encore !
> — Vois-tu le fer déjà levé ?
> Crains d'irriter notre colère ;
> Et, si tu veux sauver ton père,
> Bois ce sang..... — Mon père est sauvé !

Rendue à la liberté après le 9 thermidor, Mlle de Sombreuil reçut de la Convention nationale un faible secours de mille francs. Plus tard, elle quitta la France et épousa à l'étranger M. le comte de Villelume à qui sa main avait été promise par son père. Mme de Villelume Sombreuil a terminé ses jours à Avignon, en 1823, laissant un fils capitaine dans les chasseurs de la garde.

Page 238. Au nombre des lettres que j'ai reçues et qui me sont précieuses à plusieurs titres, j'en dois mentionner une de M. Cazotte fils. Cette lettre se termine par ces mots :

« En conservant au vénérable Cazotte et à son héroïque fille leur touchant caractère, M. Monselet s'est acquis des droits à la gratitude du fils aîné de Jacques et des enfants dont sa vieillesse est entourée. *Signé* : Jacques-Scévole Cazotte, rue du Cherche-Midi, 44. »

De tels témoignages sont la meilleure récompense de l'écrivain, auquel ils apportent la confirmation d'un travail accompli avec conscience ; et c'est pour lui un grand bonheur que de se voir rendre par les fils la sympathie qu'il a vouée aux pères.

TABLE.

	PAGES.
INTRODUCTION.	1
CHAP. 1ᵉʳ. I. Le peuple aux Tuileries.	29
II. Le peuple à l'Assemblée.	37
III. Robespierre	45
IV. Théophile Mandar. — Intimidation. Journée du 17. — La Commune l'emporte.	51
CHAP. 2. I. Nuit du 17 au 18. — On nomme les membres du Tribunal. — Robespierre refuse la présidence.	59
II. Installation au Palais de justice.	65
III. Un sybarite de la démocratie. — Nicolas Osselin.	69
IV. Mathieu. — Pepin Dégrouhette. — Laveaux. — D'Aubigni. — Coffinhal-Dubail.	73
V. Les deux accusateurs publics. — Réal, Lullier.	79
VI. Leroi. — Bottot. — Lohier. — Loyseau. — Caillère de l'Étang. — Boucher-René. — Maire, etc.	83
VII. Fouquier-Tinville.	87
VIII. Dispositions.	91

		PAGES.
Chap. 3.	Épisodes de la vie privée d'alors.	
	I. Les roses de Fragonard. — La fille de Cazotte................	95
	II. La maison de Cazotte, à Pierry. — Correspondance. — Arrestations..	107
Chap. 4.	I. Première audience. — Première condamnation à mort. — Première exécution................	115
	II. Arnaud de Laporte. — Une femme assommée.............	123
	III. Troisième exécution. — Le journaliste de Rozoy............	127
	IV. Premier acquittement........	139
	V. Épisode. — Pompe funèbre en l'honneur des citoyens morts le 10 août.	144
	VI. Encore Vilain d'Aubigni. — Procès de M. de Montmorin. — Murmures du peuple.............	148
	VII. Le charretier de Vaugirard.....	152
	VIII. Backmann, major général des Suisses. — On voit commencer les massacres de Septembre........	156
Chap. 5.	I. Tribunaux souverains du peuple...	162
	II. Le Tribunal du 17 août reparaît...	186
Chap. 6.	I. Les diamants de la couronne....	189
	II. Jugements rendus par la seconde section. — Nicolas Roussel.....	219
Chap. 7.	Cazotte. — Son dernier martyre....	223

Chap. 8. Pierre Bardol 239
Chap. 9. Épisode des treize émigrés. — Une commission militaire. — La triple alliance. — Costume du bourreau. . 269
Chap. 10. I. Émeute de la place de Grève. — Délivrance d'un condamné. 279

II. — Le valet de chambre du roi et la sentinelle du Temple. — Double arrestation. 283

III. Décadence du Tribunal.— Il cherche à se justifier. 286

IV. — Le *Tribunal redoutable* 293

V. M. de Sainte-Foy.—Barère, témoin . 299

VI. Suppression du Tribunal criminel du 17 août. 303

Notes, documents justificatifs et errata 309

FIN.

BIBLIOTHÈQUE DE FANTAISIE
Nouvelle collection format in-18 anglais
VOLUMES EN VENTE

Émile Souvestre. Au coin du Feu. 2e édition. 1 volume. 2 fr.
— Sous la Tonnelle. 2e édition. 1 volume. 2 fr.
— Au bord du Lac. 1 volume. 2 fr.
— Pendant la Moisson. 1 vol. 2 fr.
— Récits et Souvenirs. 1 vol. 2 fr.
— Le Mât de Cocagne. 1 volume. (Sous presse.) 2 fr.
— L'Homme et l'Argent. 1 volume. (Sous presse.) 2 fr.
— Le Mendiant de Saint-Roch. 1 volume. (Sous presse.) 2 fr.
H. de Balzac. La dernière Incarnation de Vautrin. 1 volume. 2 fr.
— Théâtre. 2 volumes à 3 fr. 50 c.
— Les Contes drolatiques. 1 volume. (Sous presse). 3 fr. 50 c.
Gérard de Nerval. Lorely. Souvenirs d'Allemagne. 1 volume orné d'une gravure. 3 fr. 50 c.
— Un volume. (Sous presse.) 3 fr. 50
Eugène Guinot. Soirées d'Avril. Nouvelles. 1 volume. 2 fr.
Armand Barthet. Nouvelles. 1 volume. 2 fr.

Ernest Legouvé. Edith de Falsen. 5e édition augmentée de deux Nouvelles. 1 volume. 2 fr.
Jules de Prémaray. Promenades sentimentales dans Londres. 1 volume. 3 fr.
Charles Monselet. Statues et Statuettes contemporaines. 1 volume. 2 fr.
— Histoire anecdotique du tribunal révolutionnaire. 1 vol. 3 fr.
Henri Nicolle. Contes invraisemblables. 1 volume. 2 fr.
Francis Wey. Le Bouquet de Cerises. Roman rustique. 1 volume. 2 fr.
Xavier Aubryet. La Femme de 25 ans. Scènes et Récits. 1 volume. 2 fr.
Christien Ostrowski. Théâtre complet. 1 fort volume. 3 fr.
Un Girondin. Les Affiches rouges. Histoire critique de toutes les Affiches placardées sur les murs de Paris, depuis le 24 février 1848. 1 vol. 3 fr.
Édouard Plouvier. Contes pour les jours de pluie. 1 vol. (Sous presse.) 2 fr.
Alfred de Bougy. Nouvelles vaudoises. 1 volume. (Sous presse.) 2 fr.

Principales Publications théâtrales

George Sand. Le Démon du Foyer, comédie en 2 actes (édition de luxe). 1 fr. 50
— Les Vacances de Pandolphe, comédie en 3 actes (édit. de luxe). 2 fr.
Victor Séjour. Richard III, drame en 5 actes et en prose (édition de luxe). 2 fr.

Alexandre Dumas fils. La Dame aux Camélias, pièce en 5 actes, mêlée de chants. Prix : 1 fr.
Armand Barthet. Le chemin de Corinthe, comédie en 3 actes en vers (édition de luxe). 1 fr. 50 c.

BIBLIOTHÈQUE ELZÉVIRIENNE
Élégante Collection publiée dans le format et le type des Elzévirs
Imprimée en caractères neufs, sur papier vélin glacé et satiné, avec une jolie couverture en couleur.

EN VENTE

CONTES ET FACÉTIES par GÉRARD DE NERVAL
Un volume. — Prix : 1 fr.

Sous presse: GEORGE SAND, 1 vol. — ÉMILE SOUVESTRE, 1 vol.

Paris. — Imprimerie de Gustave GRATIOT, 30, rue Mazarine.

www.ingramcontent.com/pod-product-compliance
Lightning Source LLC
Chambersburg PA
CBHW060408170426
43199CB00013B/2049